11, avenue Pasteur – 03500 Saint-Pourçain-sur-Sioule
dialogue@bleu-autour.com – www.bleu-autour.com

Journal de Kaboul

Geoffroy de Larouzière-Montlosier

JOURNAL DE KABOUL

Préface
Jean-Claude Guillebaud

Bleu autour

Une troublante probité

L'auteur de ce *Journal de Kaboul* est un officier de France, engagé de septembre 2003 à janvier 2004 en Afghanistan, à la tête d'un bataillon de 450 hommes. Il appartient à cette catégorie de Français dont on entend rarement la voix. Il est de ceux qu'on aperçoit parfois au fil du journal télévisé, sanglés dans leurs treillis ou assis dans leurs véhicules de commandement. Le plus souvent silencieux. L'armée française, comme les autres armées du monde, reste une « grande muette » dont la mission n'est pas de parler à tort et à travers.

Un chef est encore moins enclin au bavardage. Il a charge d'âmes, et de vie. Il affronte, avec ses officiers, les tâches ingrates, les difficultés et les risques que requiert toute mission militaire. À chaque jour sa peine ; à chaque jour ses difficultés ou ses victimes. Le calendrier d'un séjour se subdivise, se fragmente en une infinité de tâches modestes, de rituels, de verrouillages et vérifications dont dépendent non seulement la sécurité des soldats mais l'efficacité opérationnelle du bataillon. C'est un travail plus obscur qu'on ne l'imagine. Il ne porte pas aux grandes phrases. « On finit par comprendre qu'il ne sert à rien d'avoir de grandes idées sur tout, écrit l'auteur. Faire ce que l'on doit, où l'on est, c'est déjà beaucoup. »

La responsabilité du commandement condamne le chef à une solitude particulière. Geoffroy de Larouzière-Montlosier ne le dissimule pas. « Naïvement, à mon arrivée, écrit-il, je comptais me rendre plus souvent sur le terrain, partager un peu de la vie des tirailleurs de la compagnie, des éclaireurs de l'escadron, partir à la rencontre des Kaboulis, mais je ne suis plus lieutenant. » Et pourtant ! Une mission se situe le plus souvent dans un pays éloigné dont on ne connaît rien. En l'occurrence dans ce vaste périmètre de montagnes et de vallées qui constitue l'Afghanistan, ce pays qu'un spécialiste appela jadis « le royaume de l'insolence [1] ».

Chargé d'une telle tâche, un chef se voit – d'abord – confronté à l'énigme que représente une culture totalement « autre ». Comment conquérir les cœurs, gagner la confiance, éviter les plus grosses erreurs stratégiques si l'on ne s'affronte pas, prioritairement, à cette énigme-là ? Faute de le faire, on se condamne à demeurer une « force d'occupation » qui, tôt ou tard, devra plier bagage sur un constat d'échec. À ce propos et à lire ces pages, on sera frappé par l'extrême attention que porte l'auteur à cette contrée étrange et à ses habitants au milieu desquels, avec ses hommes, il se trouve précipité. Il n'hésite jamais à confesser sa fascination. « Je ne sais personne, écrit-il, qui soit resté indifférent à la puissance mystérieuse de ce pays. » Une fois, dix fois, cent fois, la réalité se rappelle pourtant à lui. Ainsi, ce village dont les habitants semblaient avenants, là même où l'on avait distribué de la nourriture, se révèle tout aussi accueillant pour ces groupes « terroristes » qui, dès le lendemain, y installent leurs mortiers.

Comme toujours, il s'agit donc de naviguer au plus juste entre l'idéalisme du poète et le cynisme du baroudeur, en se refusant à l'un comme à l'autre. Ce qui rend précieux les pages de ce journal, c'est la justesse qu'il laisse entrevoir face à cette question. Ni sécheresse de cœur, ni lyrisme intempestif. Un officier se doit tout entier à sa mission, mais cela ne fait pas de lui, pour autant, un robot ou un zombi. Il est dans la chair de l'événement. Et souvent du drame. On le verra, ce journal est gouverné par une troublante probité de plume. C'est elle qui en fait le vrai prix. Même quand on sent affleurer les larmes, l'auteur ne se départit jamais d'une économie de mots plus bouleversante que mille rodomontades. Ainsi après la perte de deux soldats canadiens, compagnons de combat. « Visages graves. Cérémonial militaire puissant, pudique, fort en symboles : des gestes simples, exécutés avec rigueur, qui traduisaient l'émotion et la fraternité d'armes de ceux qui se trouvent engagés dans une même mission. Alors que les cercueils métalliques recouverts du drapeau à feuille d'érable disparaissaient dans le ventre sombre de l'avion, je songeais au bataillon, à nos missions dites "de routine", finalement toutes dangereuses. »

Seul l'avenir dira si l'engagement en Afghanistan fut – ou non – une « sale guerre ». Point besoin d'attendre, en revanche, pour comprendre que ce *Journal* est un témoignage à la fois irréfutable et magnifique.

Jean-Claude Guillebaud

1. Michael Barry, *Le Royaume de l'insolence*, Flammarion, 2002.

À tous ceux et celles que le service de la France
sépare d'un être cher pendant de longs mois,
à mes compagnons d'armes de PAMIR 6,
qui savent la beauté de l'Afghanistan et la fierté
de ses peuples ; à ceux qui tombent en terre afghane,
*au 1*er *Régiment de tirailleurs,*
héritier et creuset de tant de gloires.

À mes parents et mon frère aîné Bruno,
qui m'ont appris à aimer mon pays.

À ma femme Claire-Yvonne et à nos enfants :
ils connaîtront un jour ces départs, l'absence.
Et ces retours, si Dieu veut.

Prologue

Les pages qui suivent sont une histoire vraie. Pas une théorie, ni une réflexion stratégique, ni un jugement porté sur le bien-fondé de notre intervention en Afghanistan, si loin du sol de France. Elles décrivent la vie d'un bataillon de 450 soldats français engagé de septembre 2003 à janvier 2004 dans une mission de soutien de la paix au cœur d'un pays meurtri par de longues années de guerre civile. Elles donnent à voir le quotidien de ceux qui construisent la paix loin des leurs, avec les difficultés auxquelles ils sont confrontés. Elles posent un regard d'Européen sur une civilisation qui nous est étrangère.

La correspondance régulière que j'adressais à ma famille est à l'origine de ce livre. J'écrivais volontiers le soir, empiétant sur mes heures de sommeil, quand le centre opérationnel (CO) [1] devenait plus calme. Tandis que les opérateurs veillaient les réseaux radio, animés de brefs messages en anglais ou en français, je tentais de prendre du recul et de me changer en observateur et témoin de nos propres actions. Mais écrire,

1. Voir, en fin d'ouvrage, le glossaire qui explicite les sigles et définit certains termes militaires.

souvent, c'est dire ce que l'on voit plus que ce qui est. L'exercice prend un tour particulier chez un militaire qui cherche à reprendre pied dans la vie dite normale dont il est privé. Il veut mettre cet « autre » qu'est le lecteur en contact avec son quotidien, avec cet « ailleurs » qu'est le théâtre de ses opérations. Pour être honnête, c'est aussi à moi-même que, page après page, je m'adressais. Quant à construire un livre autour de ces lettres, l'idée ne m'en est venue que plus tard, en France. Quelle sorte de livre ? Un journal, mon *Journal de Kaboul*. Au-delà de ces questions de forme, vite tranchées avec l'éditeur, demeurait celle de l'opportunité de publier pareil témoignage, six ans après les événements qu'il retrace.

Une réponse simple, d'abord : c'est finalement assez rare, un militaire qui raconte. On trouve des opinions, des conseils, des études historiques ou tactiques, des justifications… moins souvent un journal. Et puis, dans une époque où les repères sont facilement gommés, il me semblait nécessaire de dire que notre jeunesse est généreuse quand on lui donne l'occasion de l'être : revêtir l'uniforme, vivre en collectivité dans des conditions matérielles et psychologiques rudes, apprendre à servir, obéir à des règles et à un chef, aider, construire ensemble, poursuivre un idéal parfois, il se trouve encore du monde pour en accepter les contraintes et les joies et pour en sortir généralement grandi, plus riche, plus humain. Soldats, nous n'intervenons pas de notre propre chef mais bien parce qu'à la source de tous nos engagements réside une volonté politique. Nous portons les armes que la nation nous a confiées, nos crédits sont ceux que le pays accepte de nous consentir. Nous n'avons finalement pas grand-chose qui nous appartienne, sinon nos idées. Nos vies aussi, peut-être ? Même pas. Elles sont *de facto* données au succès de la mission.

Et puis, si la situation de l'Afghanistan en 2009 est de moins en moins comparable à celle que nous avons connue en 2003 (nous étions alors environ 500 Français [1], il y en a désormais plus de 3.000), si la donne a changé, la complexité de ce pays, dont pour partie je témoigne, n'est pas nouvelle. Elle est inextricable : géographique, historique, politique, ethnique, linguistique, religieuse. Pas moins complexe est la mission qui consiste à décliner en tâches militaires la reconstruction d'un État passé en quelques dizaines d'années de la monarchie au communisme, puis d'un conglomérat de tribus et de clans en guerre civile à un émirat islamique, avant l'intervention occidentale. D'autant que ce n'est pas un seul pays qui y prétend mais une coalition, à travers la Force internationale d'assistance à la sécurité (FIAS).

Mais n'aurions-nous pas tendance à dicter aux Afghans la marche à suivre ? N'est-ce pas à eux de dire ce qu'ils veulent devenir ? Peut-être leurs objectifs ne sont-ils pas exactement les nôtres. À nous de les respecter et de nous y adapter. À nous de démentir ce qu'écrivait, excessif, Pierre Loti au début du XXe siècle dans *Suprêmes visions d'Orient* :

1. Les quelque 450 du bataillon français et la cinquantaine de l'opération ÉPIDOTE qui consiste, sous commandement américain, en la reconstitution de l'Armée nationale afghane.

« Partout nous broyons à coups de mitraille les civilisations différentes de la nôtre, que nous dédaignons a priori sans y rien comprendre, parce qu'elles sont moins pratiques, moins utilitaires et moins armées. Et, à notre suite, quand nous avons fini de tuer, toujours nous apportons l'exploitation sans frein… » Peut-il y avoir une victoire en Afghanistan ? Quelle serait-elle, alors ? N'est-ce pas simplement le retour à certains équilibres que l'on recherche ? Il y faut une vision à long terme, pour éclairer chaque décision du présent.

Autant de questions que ce texte peut contribuer à éclairer, comme cette autre, essentielle : pourquoi devient-on soldat ? J'aime mon pays. Il m'a tant donné. J'aime son histoire – certains épisodes moins que d'autres – et je suis heureux et fier de m'en sentir, comme tout Français, un peu dépositaire. Il faudra la transmettre, à mes enfants, à d'autres, si possible en ayant ajouté ma pierre.

Enjeu moral, opérationnel, médiatique, point le plus sensible de nos opérations, la légitimité conditionne le succès. Notre action est toujours adossée à des résolutions des Nations Unies, à des accords internationaux. Nos règles d'engagement, qui déterminent notamment l'emploi de nos armes, sont précises, pas toujours évidentes à mettre en œuvre le moment venu. Pourtant, cela ne suffit pas. Nous pouvons avoir à nous battre un jour et à construire après, nous pouvons être accueillis puis rejetés, voire détestés. Le but n'est pas de faire changer une civilisation. Nous ne faisons que passer là où d'autres restent. Là où leur présence est légitime, la nôtre, en uniforme, est à légitimer, sans cesse. Bien sûr, notre uniforme modifie les relations humaines, mais les fausse-t-il ? Il les rend plus simples quand il facilite la rencontre, parfois plus complexes dans l'accomplissement de la mission. Souvent déployés dans des pays dont nous ne parlons pas la langue, nous avons recours à des interprètes aux compétences inégales. Ils savent traduire des mots, moins des émotions. C'est alors par les regards et les gestes que les liens se créent, que les rencontres s'opèrent, avec une intensité particulière parce qu'elles sont uniques.

Construit pour la durée de sa mission, le bataillon que j'ai eu l'honneur de commander à Kaboul n'existait pas en tant qu'unité inscrite à l'ordre de bataille de l'armée française. Officiers, sous-officiers ou engagés volontaires du 1er Régiment de tirailleurs, sapeurs, cavaliers, militaires issus d'autres formations qui, avec leur générosité, leur humanité et leur compétences, avaient fait naître tant de sourires sur les visages des enfants de ce pays blessé, tous ont regagné leurs formations respectives. Cette unité de circonstance aura pris toute sa part dans une mission qui perdure. La mission est sacrée, nous apprenait notre instructeur à Saint-Cyr. « Expression claire et concise de l'action à accomplir et du but poursuivi » pour les militaires, « charge donnée à quelqu'un d'accomplir quelque chose » pour le *Petit Robert*, elle sous-tend toutes nos décisions. Elle est un champ sur lequel peut se nourrir et croître un idéal. Il ne nous appartient pas de la discuter. Ce qui ne nous ampute pas de notre liberté de penser.

Je n'appartiens plus au 1er Régiment de tirailleurs. Le 1er juillet 2005, j'ai quitté Épinal pour Naples, un régiment pour un état-major de l'OTAN. Mais je porte toujours, hélas pour trop peu de temps encore, le képi couleur bleu de ciel, avec son croissant brodé de cannetille or, et le gilet d'arme du même bleu, aux boutons dorés, lisses et demi-sphériques. Je suis fier, et ému, à l'idée que la grande famille des *Turcos* puisse me compter dans ses rangs. Un régiment, c'est une petite patrie. Celle-ci est bien particulière. Survivance d'un rêve colonial ? Non. Témoin vivant d'une armée qui a su, et sait toujours, réunir des hommes différents autour d'un chef, au service d'une même cause, et dans une aventure avant tout humaine. Héritier des quarante-sept régiments de tirailleurs créés en Afrique du Nord, en terre musulmane, le « 1er Tir » porte le croissant de l'Islam sur sa coiffure. Le regard des Afghans sur nous en fut-il différent ? Je ne saurais le dire.

En opération, le temps, parfois, semble long et les jours, pénibles. C'est toujours auprès de mes subordonnés, au contact de mon chef, le Caïd, et dans l'exercice de mes fonctions que je retrouvais la joie de vivre et l'apaisement. Auprès des miens aussi, bien sûr. Leurs lettres m'apportaient une parcelle de notre vie familiale, petite patrie elle aussi, au seuil de laquelle semblait s'arrêter la laideur du monde. Elles étaient comme un voyage dans un pays chaleureux et familier dont le souvenir me revenait, émouvant et tendre. Je n'étais plus un étranger, plus un chef. Je confiais tout cela, et bien d'autres choses encore, à Dieu. À Notre-Dame, je demandais de bien vouloir veiller sur ceux dont j'avais la responsabilité et sur leurs familles. Elle l'a fait.

Contexte

Après le 11 septembre 2001, les États-Unis, considérant l'Afghanistan comme le foyer du terrorisme qui venait de les frapper, firent tomber le régime des talibans avec l'aide de pays alliés, dont la France, en s'appuyant sur la résolution 1373 du Conseil de sécurité des Nations Unies. Ce furent les débuts de l'opération *Enduring Freedom* (OEF) qui se poursuit toujours, notamment dans la région de Kandahar, au sud du pays, et le long de la frontière pakistanaise. Le 5 décembre 2001, les accords de Bonn mirent au point un arrangement applicable en Afghanistan, dans l'attente du rétablissement d'institutions étatiques permanentes. Il s'agissait d'abord de créer une Autorité intérimaire afghane (AIA), qui transmettrait, après une *Loya Jirga* (assemblée coutumière) d'urgence, ses pouvoirs à une Autorité de transition afghane (ATA). C'était chose faite à notre arrivée, en septembre 2003. Le président de l'ATA était le pachtoune Hamid Karzaï. Le 20 décembre, la résolution 1386 autorisa, comme prévu à Bonn et en vertu du chapitre VII de la Charte de l'ONU, la constitution pour six mois renouvelables de la FIAS, mandatée pour aider l'AIA à maintenir la sécurité à Kaboul et dans ses environs, de telle sorte qu'elle puisse, ainsi que le personnel des Nations Unies, travailler dans un environnement sûr. Cette force fut placée sous commandement de l'OTAN à l'été 2003 ; elle comptait, à cette période, 5.500 hommes représentant trente-et-une nationalités. La Brigade multinationale de Kaboul (BMNK, 3.500 hommes) constituait l'essentiel de la FIAS. L'engagement français dans cette mission prit le nom d'« opération PAMIR ».

Le bataillon français d'Afghanistan était alors une petite unité de 450 hommes issus de vingt-cinq formations différentes. Il s'articulait autour de trois unités de combat : une compagnie d'infanterie à cinq sections (capitaine Mougeot), un escadron de recherche à quatre pelotons (capitaine Metzinger) et un détachement du génie (capitaine Caudéran). À cela s'ajoutait la compagnie de soutien du capitaine Toilliez, regroupant toutes les fonctions dont nous avions besoin pour effectuer nos missions et vivre. Pour commander l'ensemble, je disposais d'un état-major tactique (EMT) : cinq capitaines (Garnier, Boudet, Césari,

Praneuf et Caudéran), une cellule de renseignement et une équipe de transmetteurs. L'EMT était regroupé au centre opérationnel (CO), installé dans des bâtiments délabrés du terminal militaire de l'aéroport international de Kaboul (KaIA), en bord de piste. Nous formions le 6e mandat de l'opération PAMIR, commandée, elle, par le Caïd (nom traditionnellement donné au chef de corps du 1er Régiment de tirailleurs), le colonel Thierry Lion. Pour la circonstance, il avait les fonctions de Repfrance (Représentant militaire de la France) auprès de la coalition.

Parmi toutes ses missions, le bataillon en remplissait deux principales. Il s'agissait d'abord de sécuriser les approches de l'aéroport, installation stratégique. Pour cela, nous avions adopté un dispositif combinant des points d'observation fixes, établis sur les hauteurs qui dominent le nord de la ville, et des patrouilles mobiles.

Nous devions par ailleurs soutenir les forces de sécurité afghanes, en reconstruction. Les patrouilles urbaines ne se déroulaient qu'avec les policiers ; il fallait les aider, non faire leur travail à leur place. Dans les quartiers nord de Kaboul, ces deux missions étaient dévolues à la compagnie d'infanterie.

L'escadron agissait principalement dans la plaine de Chamali, autre partie de notre secteur. Grand désert brûlé de soleil parsemé d'oasis plantureuses, elle s'étend au-delà des crêtes qui dominent Kaboul, au nord. Elle est bordée de hautes montagnes au piémont desquelles courent deux routes parallèles (*Bottle* et *Horseshoe*, de leurs noms militaires), séparées d'une vingtaine de kilomètres par une étendue apparemment plane où des canyons, à sec en été, dessinent des sillons profonds. Les Soviétiques contre les moudjahiddin, les Afghans entre eux durant la guerre civile, les talibans contre l'Alliance du Nord et les milices de Massoud se sont affrontés dans cette plaine. Riche en zones minées, munitions non explosées, carcasses de blindés et positions de combat, elle était risquée pour qui s'y aventurait sans repères.

Quant aux sapeurs du détachement du génie, leur rôle premier était de libérer nos itinéraires des mines, obus et roquettes qui s'y trouvaient encore.

Malgré les apparences, notre travail était complexe pour des raisons de tactique et de terrain. Il n'était pas aisé de définir la conduite à tenir ni d'apprécier les risques à consentir : la culture afghane ne nous était pas familière, ses subtilités et usages nous étaient d'autant plus difficiles à saisir que nous ne parlions pas la langue. Et, avec 1/8e des effectifs de la Force, nous avions la responsabilité de plus du tiers de la zone attribuée à la brigade.

Dans le paragraphe « appréciation du chef » de l'ordre d'opération pour les quatre mois de notre mandat, j'évaluais la situation que nous venions d'hériter. Je me fondais sur l'expérience transmise par PAMIR 5 que nous relevions, sur ce que j'avais ressenti lors de notre reconnaissance en août 2003 et sur les renseignements auxquels j'avais eu accès. Il me semblait que la zone du bataillon était en apparence calme, que les indispensables relations de confiance tissées au fil des mandats précédents constituaient un héritage fragile qu'il nous faudrait sans cesse enrichir, faire vivre et consolider. J'estimais que notre sécurité reposerait notamment sur notre faculté à nous faire admettre par la population et ses autorités administratives, militaires et religieuses. Parce que nous saurions nous comporter en force d'assistance et non d'occupation, notre capital de sympathie augmenterait. Il nous permettrait par ailleurs d'obtenir des renseignements pour orienter notre action et remplir notre mission. Nous devrions faire accepter notre légitimité, non l'imposer. La vigilance à tous les échelons et de tous les instants serait le point clef de notre attitude. Il ne faudrait pas nous laisser aveugler par l'accueil, très souvent chaleureux, des Afghans. La menace pouvait prendre des formes multiples et inattendues, survenir là où l'on ne l'attendait pas. Nous devrions en permanence rechercher la surprise et l'aléatoire, impliquer au maximum les autorités locales dans les tâches de sécurité et maintenir notre potentiel opérationnel sans jamais nous enfermer dans la routine ni tolérer la passivité.

Telle se présentait la situation le vendredi 10 septembre 2003, lorsque je pris le commandement du bataillon.

Tirs

Kaboul, mercredi 10 septembre 2003

Nous avons atterri à Kaboul le dimanche 7 septembre à 04h30. Nous arrivions de Douchanbe, capitale du Tadjikistan, où est implantée la base arrière française que nous avions rejointe de Paris après dix heures de vol. Nous nous sommes posés de nuit pour des raisons techniques et aussi de sécurité. Les chaleurs trop élevées limitent tant les capacités des avions (C 160 Transall) qu'il faut profiter de la fraîcheur toute relative de la nuit pour effectuer le « brouettage » entre Douchanbe et Kaboul. Et puis la nuit protège un peu des tirs éventuels dont les appareils pourraient être la cible.

Après quatre jours de reconnaissances et de prises de consignes auprès de l'équipe de PAMIR 5 que nous relevons, j'ai réellement pris le commandement du bataillon ce soir, date du transfert d'autorité. Pour autant, les relèves ne sont pas achevées. Elles forment un processus complexe. En deux semaines, il faut faire face aux nombreux imprévus et assurer une coordination minutieuse entre la troupe sur le départ et celle qui, appelée à la remplacer, doit confronter la qualité de sa préparation avec les réalités du terrain – tout cela en réduisant au maximum la perte de capacité opérationnelle.

Vendredi 12 septembre

Hier, vers 22 heures (19h30 heure française), la brigade a été la cible de tirs, au soir de ma première journée de commandement. Une première salve de quatre roquettes s'est abattue sur l'usine de Warehouse où s'est établi le poste de commandement (PC) de la Brigade multinationale de Kaboul (BMNK). Coïncidence avec le deuxième anniversaire des attentats contre les tours jumelles de New York, le 11 septembre 2001 ? Nous sortions de table lorsque des explosions sourdes ont crevé le calme de ce début de soirée. Une courte concertation avec le Repfrance, et je donne l'ordre au bataillon, en pleine relève, donc lorsqu'il est le plus vulnérable, de « desserrer », c'est-à-dire de quitter la base pour rejoindre des positions reconnues à l'avance.

La compagnie et l'escadron se sont mis en place dans leurs zones respectives, encore minées par endroits. Au CO, chacun a exécuté sa mission dans le calme : liaison avec les autorités belges et allemandes de l'aéroport, liaison avec le PC de la brigade, distant de 10 kilomètres. Ceux qui n'avaient pas à desserrer ont rejoint les abris enterrés. Vers minuit, l'alerte passée, les unités sont rentrées au camp. J'ai tiré à chaud les enseignements de cette première alerte : se déployer dans la zone la plus probable des départs des coups, tout en me réservant une capacité de réaction, était la bonne solution, déjà éprouvée par nos prédécesseurs ; restait désormais à améliorer les procédures.

Nous étions loin de nous douter que l'occasion nous en serait fournie sans délai. À 04h30, j'étais couché depuis une heure et demie, quand une violente explosion, cette fois toute proche de notre PC, a mis un terme au repos auquel j'aspirais. Nouvelle alerte, nouveau desserrement. L'attaque visait KaIA où nous sommes installés. Elle eut lieu au moment où le premier Transall de la deuxième vague de la relève se posait. Dès qu'il fut immobilisé, les passagers et l'équipage ont été conduits aux abris. Le capitaine Metzinger commandant l'escadron a pris le temps d'arrêter son véhicule blindé léger (VBL) au pied de l'appareil, de récupérer son pilote qui en débarquait, de lui mettre un casque sur la tête et de desserrer avec sa troupe. Quant aux deux avions qui patientaient en l'air sur leur « hippodrome », ils sont repartis vers Douchanbe dans l'attente d'un moment plus favorable.

Cette première nuit blanche passée dehors avec mon petit PC mobile au cœur d'une nuit afghane étoilée m'a rendu service. Elle a d'abord montré à tous que le danger, ici, est bien réel, et que l'entraînement précédant notre déploiement n'était pas du cinéma. Les réactions ont été bonnes. Cette expérience a eu une évidente portée pédagogique. La cohésion du bataillon s'en est trouvée puissamment renforcée.

J'ai été rassuré par le calme de chacun et par la façon dont tous se sont remis au travail ce matin. L'humour était manifeste, en dépit de la fatigue générale. J'étais heureux de percevoir ce léger frémissement auquel se reconnaît la bonne réactivité de l'unité que l'on commande.

Dimanche 14 septembre

Les rituels se créent doucement. Bien que nous soyons dans un pays musulman où seul le vendredi est jour de repos, le Repfrance a choisi de respecter un rythme de vie à l'occidentale afin de conserver à chacun des repères stables : dimanche restera donc pour nous jour férié, ou presque.

Stade olympique

LUNDI 15 SEPTEMBRE

Avant de retrouver la quiétude bienfaisante de ce qui me sert de chambre, un ancien bureau délabré et poussiéreux mais où je suis seul, je prends le temps de quelques lignes pour retenir des bribes de cette vie si particulière que nous menons à Kaboul. Écrire chaque soir est un plaisir et un besoin auquel la fatigue ne m'a pas encore fait renoncer.

Journée sans surprise : réunions, ordres à mettre en forme avant de les donner, menus soucis de la vie quotidienne à régler, un peu de temps pour plaisanter avec mes capitaines. Nous formons une bonne équipe. Après des journées intenses et la fatigue aidant, les liens se resserrent entre nous qui ne nous connaissions pas il y a seulement un mois. Les choses se font bien, et naturellement. Le centre opérationnel au cœur duquel je suis installé a des allures de petite famille vers laquelle converge toute la vie du bataillon. Aujourd'hui, j'ai reçu le document qui me donne les pouvoirs disciplinaires d'un chef de corps sur le territoire national, ce que je ne suis pas.

L'Afghanistan me fascine. Est-ce en raison de cette mission qui rend plus concrète ma seule culture livresque ? Je ne sais personne qui soit resté indifférent à la puissance mystérieuse de ce pays. Malheureusement, nous ne pouvons sortir des limites géographiques précises fixées par la mission. Mais est-il nécessaire d'aller loin pour être séduit, quand il y a déjà tant à découvrir autour de soi ?

Kaboul, ville immense de quelque deux millions et demi d'habitants, est un mélange d'Orient, de Chine et d'Occident – d'où son fort caractère. Très peu d'immeubles, ici, pas de feux de circulation, ni d'égouts, ni de service d'enlèvement des ordures, mais partout un air brassant la poussière, les gaz d'échappement, les fumées et, dans certains quartiers transformés en décharges, une puanteur repoussante. Un univers incroyablement vivant, où l'on se sent étranger avec nos habitudes aseptisées d'Occidentaux. Un univers vivant et très pauvre, parmi les plus pauvres de la planète : sur dix Afghans, sept vivent avec moins de deux dollars par jour, et seuls deux ont accès à l'électricité.

Je ne suis pas ici en voyage. Mais un militaire en opération, pour mieux remplir sa mission, doit essayer de comprendre son environnement. Alors, un soir, je décrirai le mouton qu'on égorge dans la rue au petit jour, la viande suspendue à des crochets en plein soleil et couverte de mouches ; je tâcherai de rendre perceptible la pestilence des ruelles, l'air vicié de cette cuvette de Kaboul que les vents ne parviennent pas à assainir ; je rendrai vivants les enfants couverts de crasse qui accourent et quémandent n'importe quoi pourvu que ce soit utile ou mangeable ; je raconterai aussi les vendeurs de bois, de cartons et de vêtements, de fruits et de légumes superbes, chacun avec sa charrette attelée à une bête squelettique.

Mardi 16 septembre

Cette journée a été agaçante. Très tôt ce matin, nous avons reçu l'ordre de prendre des mesures pour empêcher une tentative de renversement du gouvernement de transition afghan. « Il ne s'agirait que d'un exercice », disait le capitaine Garnier, chef du CO, comme pour s'excuser. En guise de réveil, il y avait mieux. Tandis que les unités se préparaient, j'essayais d'obtenir des éclaircissements avant d'engager le bataillon dans une quelconque action. Les limites juridiques de notre mandat seraient-elles franchies ? Quelle était la mission ? Était-ce bien un exercice ? Dans une telle situation, à haute portée politique et diplomatique, les militaires ne font pas ce qu'ils veulent. Plus tard dans la matinée, alors que j'attendais toujours ces éclaircissements, nous avons découvert qu'il s'agissait d'une véritable opération exécutée sous couvert d'un exercice.

En fin d'après-midi, en accord avec le Repfrance, j'ai été reçu par le général commandant la brigade pour lui faire valoir les réserves de la France à propos de cette action qui a semé la confusion dans les esprits et pouvait avoir des répercussions graves sur un contexte déjà instable. Je sais ce soir que je rencontrerai encore des situations aussi complexes, et qu'il sera délicat d'y répondre.

En traversant Kaboul pour me rendre au PC de la brigade, j'ai réalisé que, depuis notre arrivée, je n'avais, hélas, que très rarement vu un visage de femme. Le régime taliban est tombé depuis bientôt deux ans, mais les Afghanes portent toujours la burqa, cette cloche de toile légère, ample et plissée, le plus souvent bleue, qui leur recouvre le corps jusqu'aux chevilles et ne laisse apparaître que les mains. Leurs yeux disparaissent dans le rectangle obscur d'une grille de tissu aux mailles serrées. Ces silhouettes produisent un effet troublant et désagréable, une sorte de malaise. Derrière le voile, on sent un regard qui dévisage et détaille, se pose et insiste, sans qu'il soit possible de l'identifier ni de le soutenir.

Qui sont-elles, ces femmes que la burqa transforme en silhouettes uniformes ? Sont-elles jeunes, jolies, âgées ? De quelle couleur sont leurs yeux ? Ont-elles un beau sourire ? Questions sans réponses. En bon Occidental, je déplore qu'en ce pays la moitié la plus attirante de la population vive ainsi cachée. Cependant, même voilées et masquées, les femmes restent des femmes. J'ai demandé à un interprète afghan pourquoi certaines burqa étaient d'une autre couleur que le bleu. « Monsieur commandant, les femmes sont partout pareilles. Elles ont beau porter la burqa, cela ne les empêchera jamais de rester coquettes », m'a-t-il répondu. De fait, on aperçoit souvent des chaussures élégantes à talons hauts qui confèrent aux Afghanes une démarche souple et précieuse dans la poussière des trottoirs. Parfois même, moment délicieux et trop éphémère, un effluve de parfum parvient jusqu'à nous, traverse les gilets pare-éclats dans lesquels nous sommes engoncés.

VENDREDI 19 SEPTEMBRE

Vingt-trois heures. Le CO est calme. Le commandement de la brigade étant canadien, le seul moyen d'établir une liaison rapide avec mon chef tactique sans devoir affronter des problèmes techniques est de disposer d'un transmetteur canadien avec son équipement. Un opérateur radio français et son camarade canadien du Saint-Laurent, le capitaine de permanence et moi, voilà ceux qui veillent. L'état d'alerte en vigueur depuis deux jours, dû à des menaces de tirs de roquettes, nous oblige à atténuer les lumières. Des emballages de boîte de ration servent d'abat-jour. Seules les cartes d'opérations fixées au mur sont éclairées d'une vague lumière rouge. Veiller quand tout le monde dort, c'est vivre plus longtemps, savourer le calme de la nuit à l'abri des soucis qu'elle apportera peut-être.

Nous avons des équipes dehors. Dans l'est du secteur, au pied des montagnes de Kohe-Sofi, les environs du village de Deh-Sabs-E-Khas sont un secteur malsain, d'où sont probablement parties les roquettes du 11 septembre dernier. Toute la semaine, j'ai fait porter l'effort de la compagnie d'infanterie et des équipes de renseignement sur ce village et ses alentours. Aurons-nous enfin des résultats ? Par le réseau radio, les comptes rendus qui nous parviennent sont brefs, laconiques, lointains : des tirs à la mitrailleuse, quelques explosions. Je maintiens mes patrouilles en observation. Leur demander de se déplacer sur des pistes non reconnues et de nuit serait inutile et risqué, tant les probabilités de minage sont fortes. Je donne quelques ordres, réclame des précisions. Attente. Donner un ordre à la radio, lorsqu'on se trouve à l'abri devant une carte, est relativement simple – quoique… Il est plus difficile de mesurer ce qu'il implique pour qui doit l'exécuter.

Minuit passé. Encore un peu de temps avant que cette opération ne touche à son terme. Alors j'écris, pour que ces moments soient plus riches encore. Les jours défilent, et la France s'éloigne doucement. Elle ne me manque pas, même si elle vient régulièrement se rappeler à ma mémoire lorsqu'un instant de répit m'invite à rêvasser, à me souvenir sans nostalgie, à bâtir des projets trop lointains et trop fous. J'évite de me laisser aller à ces doux voyages inutiles. La vie du bataillon et la conduite des opérations sont exigeantes, en particulier durant cette période plutôt tendue.

Hier matin, au stade olympique, le Repfrance a remis des équipements aux boxeurs afghans sélectionnés pour les JO d'Athènes de l'été 2004. Cette « manifestation » était organisée par la petite équipe des actions civilo-militaires (ACM) du bataillon qu'elle a pour mission d'appuyer, notamment en l'aidant à faire admettre aux Afghans qu'il assure bien davantage qu'une présence militaire. Construire la paix peut aussi passer par le forage de puits, la réfection d'écoles, l'assistance à la population. Ainsi envisageons-nous de sensibiliser enfants et adultes de notre secteur aux dangers que représentent les mines et les obus non explosés dont ce pays est truffé. Le lendemain de notre arrivée, une fillette s'est éventrée en jouant avec un détonateur, et nos chirurgiens n'ont pu la sauver. Le bruit a couru chez les Afghans qu'elle avait été tuée par les

Français. Ici, toute action doit être expliquée, il y faut du doigté. Pour cela, nous pouvons compter sur le soutien des ACM.

Retour au stade olympique. Les images d'exécution sous le régime taliban ont brûlé toutes les mémoires de nos générations. C'est souvent cette enceinte qui en était le théâtre. Lors des rencontres sportives, en guise d'interlude, les spectateurs devaient assister à des châtiments exemplaires : amputations de mains et de pieds, décapitations, lapidations, pendaisons, exécutions. Ces lieux m'ont mis mal à l'aise. Qu'ont-ils vécu, les suppliciés qu'on amenait dans l'arène, sous le regard de milliers de témoins apeurés ? En faisant le tour des sentinelles de notre dispositif de sécurité, je ne pouvais m'empêcher de me demander pourquoi le Bon Dieu permet tant de cruauté. Comment peut-on prétendre que le Mal n'existe pas ? J'imaginais les chrétiens des premiers siècles martyrisés dans les amphithéâtres du monde romain.

Samedi 20 septembre

Je me suis levé avec le jour, comme tous les matins. En cette saison, il pointe vers cinq heures (02h00 en France). À Kaboul, pas de chants d'oiseaux pour l'annoncer, ni de brise fraîche qui balaierait la ville. Dès la fin de la nuit, la compagnie s'est installée dans les montagnes qui dominent l'aéroport pour remplir sa mission de dissuasion et de surveillance avant l'ouverture du trafic aérien. Depuis, c'est un ballet incessant d'avions de toutes nationalités, militaires ou civils. De l'emplacement du CO, notre vue sur l'aéroport nous permet d'en surveiller tous les mouvements. Une terrasse, sur laquelle il fait bon venir bavarder de nuit sous le ciel magnifique de cette région, nous place aux premières loges du chassé-croisé des personnalités de passage. On dirait des départs en vacances… ou des retours.

Lorsque les talibans prirent le pouvoir avec la bénédiction des Américains en 1996, ils interdirent tout ce qui donne du charme à la vie. La musique était proscrite, les oiseaux en cage, éliminés (ils chantaient), les livres et les films, contrôlés, la télévision, bannie. On coupait les doigts des filles aux ongles vernis, les amoureux n'avaient plus droit de cité, les enfants ne pouvaient plus jouer au cerf-volant. Aujourd'hui, alors que les choses évoluent timidement, le ciel de Kaboul retrouve un peu d'animation. Dans les rues, dans les décharges, au bord des routes, on voit de plus en plus d'enfants – d'adultes aussi – faire voler des cerfs-volants. Deux baguettes de bois léger liées en croix, un sac en plastique, et l'on s'évade pendant des heures de la misère ambiante. Cela suffit au bonheur des enfants, tout sourire. Leur innocence tient à un fil. Le reste, ils auront bien le temps de le voir. Pour l'heure, ils ont raison de vivre l'instant présent. Et qu'importe si le cerf-volant finit par se prendre dans les fils électriques qui passent d'une maison à l'autre. Il reste comme un témoignage d'une liberté retrouvée. Pour combien de temps ?

Ce soir, les soldats d'un pays allié, eux aussi cantonnés sur l'aéroport, fêtent je ne sais quoi. À les entendre, bruyants, lourds et déjà imbibés d'alcool, je me demande comment ils peuvent espérer gagner la sympathie de ce peuple afghan.

Dimanche 21 septembre

Ce matin, messe à la chapelle du camp – quelques tentes, un plancher, des bancs. Sous les mandats précédents, on a construit un clocher en bois qui abrite une cloche, offerte paraît-il par les Britanniques. À notre connaissance, c'est le seul d'Afghanistan. Ce modeste édifice de guingois marque une minuscule présence chrétienne isolée en pays musulman. Le père Dehan, notre aumônier, met au service de son sacerdoce son humour, sa discrétion et sa façon de dire les choses simplement, sans embarras. Sa cinquantaine et son expérience des hommes et des opérations lui font voir la vie, la vie militaire surtout, avec un recul que j'apprécie, loin de tout dogmatisme et de tout rigorisme désespérants.

Après-midi passée à la brigade pour la réunion hebdomadaire des commandants de bataillon. Deux heures d'anglais et une chaleur étouffante dans une pièce trop petite exposée plein sud ont eu raison de ma résistance au sommeil, très limitée dès que je suis assis. Judicieusement placé derrière moi, le capitaine Césari, l'officier de liaison du bataillon, a su appliquer la consigne : un coup de pied (discret et respectueux) dans ma chaise au moindre signe de faiblesse.

Pour la première fois depuis notre arrivée, j'ai puni. Une rafale en l'air, lâchée par inattention au retour de patrouille. Aucun blessé mais une belle peur, et l'occasion de faire réfléchir sur un aspect de notre métier : avoir un mort à cause d'un accrochage, d'une explosion de mine ou lors d'une action qui entre dans le cadre de la mission, on s'y prépare ; perdre un homme par accident ou par imprudence, c'est inadmissible. Ramener tout le monde en France à la mi-janvier 2004 est une préoccupation. Elle ne doit cependant pas neutraliser la mission.

Kaboul, la nuit

Lundi 22 septembre

Ce soir, patrouille dans Kaboul-nord, dont le bataillon a la responsabilité. Le général Devlin, commandant la brigade, voulait venir voir « ses » Français qu'il semble tenir en haute estime. La nuit était déjà tombée quand il est arrivé, vers 18h30, dans le Police District 15 (PD15). Le chef de section de la compagnie d'infanterie en charge de la mission a commencé par lui présenter ce quartier et ses particularités. Dans l'obscurité, les ruelles avaient un aspect particulièrement peu rassurant. L'attitude calme et vigilante des tirailleurs aidant, le général s'est rapidement senti en confiance. Il s'est mis à accoster tous les Afghans qu'il croisait, à discuter avec les commerçants assis devant leurs échoppes terreuses éclairées d'une seule lampe à gaz. Ce n'était plus une escorte, c'était un voyage organisé. Deux heures plus tard, il nous a quittés, visiblement content. Il m'a semblé que les seuls qui n'aient guère apprécié l'excursion ont été ses gardes du corps.

Kaboul la nuit. Les artères principales ne sont pas éclairées, ou très mal pour les rares qui le sont. Cyclistes et voitures circulent sans phare ni règles apparentes. Après des journées assommantes de chaleur, les Kaboulis se retrouvent sur les trottoirs encombrés d'ordures et continuent de vivre à un rythme moins agité. Dans les ruelles que nous avons parcourues, l'ambiance ressemblait à celle d'un gros bourg de campagne à la nuit tombée : bruits étouffés dans les cours des maisons tapies à l'abri de hauts murs, lumières rares et pâles, enfants qui s'attardent à bavarder et jouer dans la poussière, silhouettes silencieuses de femmes voilées glissant dans la pénombre, appel des muezzins. Une ville plongée dans le noir est toujours mystérieuse, plus encore lorsqu'on tente d'y apporter un peu de sécurité.

Le secteur du bataillon est diversifié. Nous avons la responsabilité du nord de Kaboul, des montagnes qui dominent la ville et l'aéroport et, au-delà, toujours vers le nord, de la vaste plaine de Chamali qui remonte vers Bagram. Cette plaine est enserrée entre deux chaînes montagneuses au pied desquelles les deux axes qui relient Kaboul à Bagram dessinent leurs tracés parallèles. À l'ouest, *Horseshoe*, la route traditionnelle, parcourt une zone plus densément peuplée car plus fertile. On y voit de riches fermes, des vignes, des cultures de céréales, de légumes et de fruits. La route orientale, *Bottle*, présente son exact inverse. Ancienne pénétrante logistique construite par les Soviétiques lors de leur intervention en Afghanistan (1979), elle traverse une zone désertique, grillée de soleil et abondamment minée. Ces deux voies sont stratégiques : elles seules permettent d'accéder à Kaboul par le nord et de s'en extraire en cas de nécessité. Comme nous contrôlons tous les points stratégiques de la Force (l'aéroport et les deux routes du nord), beaucoup de personnalités nous visitent. C'est dans le but de voir notre zone, de sortir en plaine de Chamali mais aussi, pour certains et parfois de manière à peine voilée, dans l'espoir d'être convié à la popote du Repfrance, connue comme l'une des meilleures tables de Kaboul. Nous avons l'impression de servir d'agence de voyage pour généraux, hommes politiques ou diplomates en mal de sensations fortes. Nous nous plions de bon cœur à cette obligation, qui reste une belle occasion de mettre en avant le travail des Français.

Mardi 23 septembre

Impression d'être engagé depuis longtemps et d'en avoir fini avec les grandes questions. Après la fin des relèves, le bataillon reprend l'initiative et rompt avec les habitudes légitimement héritées de nos prédécesseurs. Exactement ce que je souhaitais. Chaque soir à 17h30, le bilan des vingt-quatre heures précédentes permet de coordonner notre action et d'orienter celle des jours à venir. Il m'appartient de définir la ligne directrice de notre séjour, conformément aux directives du Repfrance, sans ignorer les changements de situation.

Mercredi 24 septembre

Le temps nous construit. Partir nous fait percevoir que nous ne sommes pas immobiles dans l'existence. Paris est loin. Plus loin encore les belles années que j'y ai vécues.

Quels souvenirs me laisse cette ville que j'aime plus que toute autre ? Au cœur de l'Asie centrale, où la situation n'évolue pas forcément dans le bon sens, cette question me paraît bien vaine mais revient souvent. Séparé de ce qui nous est cher, on apprend à trier l'accessoire de l'essentiel. L'heure n'est pas à se poser la question de l'utilité de notre action dans un pays où nous n'avons apparemment que peu d'intérêts. On finit par comprendre qu'il ne sert à rien d'avoir de grandes idées sur tout. Faire ce que l'on doit, où l'on est, c'est déjà beaucoup.

Tout à l'heure, dans une unité, un coup de feu accidentel est parti, heureusement sans conséquence. Le capitaine en était troublé. Alors, dans la nuit afghane, nous avons longuement évoqué les responsabilités que nous donne notre statut de chef militaire. J'avais à mes côtés un homme surpris par les difficultés du commandement lorsqu'elles surviennent à l'improviste, réconforté aussi de savoir que tous, quel que soit notre grade, nous passons par ces moments de doute. Dans ces circonstances, il est difficile de déterminer ce qui nous fait tenir le cap en dépit des vents contraires : une parole, un sourire, un geste, la fidélité à un souvenir ? À chacun son histoire. Je sais la mienne.

La semaine qui s'annonce sera chargée en visites : deux généraux, un ambassadeur et un ministre. Il faudra également sécuriser le lycée français de Kaboul dénommé Isteqlal et créé sous l'impulsion du président Pompidou, escorter un convoi de munitions, assurer tant d'autres missions. Chacune implique des actions particulières qui sont pour les unités l'occasion de rompre avec leur rythme quotidien.

Piège à Deh-Ya-Kub

MARDI 30 SEPTEMBRE

Un surcroît d'activités m'a fait délaisser mes travaux de rédaction auxquels je suis pourtant attaché. Chaque jour apporte une émotion ou une situation nouvelles ; il faut s'adapter, en tirer les enseignements. Rares sont celles qui n'appellent aucun commentaire lors des réunions de commandement quotidiennes de 17h30. Mon devoir consiste aussi à maintenir une juste pression sur le bataillon, en particulier lorsque les missions et la vie semblent se dérouler correctement. Au fil des jours, chacun se sentant en confiance, l'attention se relâche.

Samedi matin, nous nous sommes préparés à secourir les 178 passagers et l'équipage d'un avion d'Ariana, l'unique compagnie afghane. L'appareil devait se poser avec le train avant mal positionné. Après la mise en alerte de tous les moyens disponibles (véhicules sanitaires, médecins et infirmiers, grues de levage, section d'intervention, équipes de déminage), ce fut l'attente. Allemands, Belges, Norvégiens, Français, toutes les unités alliées présentes sur l'aéroport se préparaient au pire, rangées en bon ordre le long du taxi-way, gyrophares en marche. Si l'appareil quittait la piste, il faudrait aller chercher les passagers au milieu des champs de mines.

Tous feux allumés, réservoirs vidés, l'avion s'est présenté à vitesse réduite, cabré. Il s'est posé en maintenant cette position aussi longtemps que possible. Dans une épaisse fumée d'où jaillissait un craquement sourd accompagné des hurlements des réacteurs, il s'est affaissé vers l'avant. Le nuage s'est dissipé. Il était là, sa livrée blanche se découpant sur les montagnes sombres, immobile, en bout de piste. Applaudissements de soulagement chez les secouristes.

Cet incident doit alimenter nos réflexions et nous aider à améliorer nos procédures. Que faire si un appareil s'écrase sur un quartier jouxtant l'aéroport ? S'il se plante dans les champs de mines qui bordent la piste ? Un afflux massif de victimes nécessiterait une organisation des secours complexe. Sommes-nous capables de la mettre en place ? Il y aurait des sauveteurs issus de nombreuses nationalités, activés dans l'urgence, aux matériels et procédures pas toujours compatibles entre eux. Le succès est conditionné par une bonne coordination et une préparation minutieuse.

Hier, sur l'axe *Violet* (nom de baptême de l'axe Kaboul-Jalalabad, le long duquel se trouvent plusieurs emprises de la FIAS et, notamment, Warehouse), un conducteur du bataillon n'a pas eu le temps de réagir quand une Afghane a soudainement traversé la route. Les blessures, superficielles, ont été pansées par notre médecin, mais un attroupement s'est formé et il s'en est fallu de peu pour que la situation ne dégénère. Les soins étaient d'autant plus compliqués à apporter que cette femme portait la burqa et que le médecin était un homme.

Cet après-midi encore, un de nos deux sous-officiers démineurs a eu beaucoup de chance en neutralisant un obus découvert sur une des pistes que nous fréquentons régulièrement : le détonateur a explosé dans ses mains. La même vacherie avait valu à une fillette d'être éventrée au lendemain de notre arrivée.

Et demain, après-demain ? Comment conserver notre vigilance ? Ce soir, dans mon baratin, j'ai de nouveau insisté sur les risques parmi lesquels nous évoluons. Nous sommes en opération dans un pays particulier, environnés de gens qui ne nous veulent pas forcément du bien. Nous connaissons à peu près nos adversaires, sans pourtant savoir ni où, ni quand, ni comment ils chercheront à nous atteindre lorsqu'ils l'auront décidé. Cela fait partie du métier, on s'y prépare. Mais c'est dans notre travail quotidien le plus banal que réside la menace la plus sournoise. À trop se focaliser sur les dangers militaires ou sécuritaires, on en oublie ces risques sans gloire.

JEUDI 2 OCTOBRE

Debout depuis 04h30. Cette journée avait pourtant bien commencé : matin frais, éclatant lever de soleil sur les montagnes afghanes, comme une invitation toute simple à sourire à la vie. Un de ces matins qui vous laisse croire que toute chose est en place pour longtemps. Un général français en tournée voulait visiter un de nos secteurs, peuplé d'environ 100.000 habitants. Il fallait lui démontrer que notre façon de procéder répondait aux difficultés tactiques. Nous voici dans les rues larges de PD15, quartier aux multiples facettes. Partout des enfants, d'une crasse à faire peur mais le sourire aux lèvres et tourbillonnant, surexcités, autour de la patrouille. Ils criaient à l'envi des mots phonétiquement anglais mais délicieusement accommodés à leur accent : « *Eh Mister, aoualiou ?* » Au détour d'une ruelle empuantie d'excréments, un Afghan nous a interpellés. En montrant fièrement sa carte d'identité française, il nous a raconté l'arrivée des Soviétiques à Kaboul en 1979, sa fuite, l'asile politique en France. Il disait revenir de temps en temps réparer sa maison dans l'espoir de pouvoir, un jour, faire venir sa famille dans son pays natal. Sous les traits de cet homme aux chicots pourris, le visage grillé de soleil, rongé d'une mauvaise barbe et fripé comme une pomme cuite, pouvait-on deviner le boucher d'un supermarché de Saint-Cyr-sur-Loire, près de Tours ? De bon cœur, il s'est prêté à une séance de photographie comme le font généralement les gens d'ici. Dix secondes plus tard, une quinzaine de gosses bruyants se sont agglutinés devant l'objectif pour être à leur tour photographiés. Je n'ai pas résisté.

Puis direction le piton qu'on appelle « Le Balcon », à la limite ouest de la zone française. Cet ancien poste d'observation soviétique sur les abords nord de la capitale n'est plus aujourd'hui qu'un bâtiment en ruines, difficile d'accès. Il faut emprunter une piste raide et ardue dont les bas-côtés sont encore minés. Quelques matériels de guerre y rouillent dans une solitude grandiose : un châssis de

canon de défense antiaérienne, un vieux char T-55 devenu bien pacifique et auprès duquel on se fait volontiers photographier. Cette position domine le « col Massoud », ainsi baptisé sous les mandats précédents en raison de deux immenses affiches à l'effigie du commandant en chef des moudjahiddin de l'Alliance du Nord, assassiné le 9 septembre 2001. Par ce col, stratégique, transite l'essentiel du trafic avec le nord de l'Afghanistan. Toute une population immigrante, venant surtout du Pakistan voisin, s'y accumule. En dépit des difficultés du terrain et des titres de propriété, des centaines de constructions sortent ici de terre et redessinent cette zone semaine après semaine, au point qu'il est question de créer un nouveau Police District. La distribution de l'eau laisse visiblement à désirer, comme en témoignent des files d'enfants devant les pompes, d'où ils repartent à flanc de colline chargés de bidons trop lourds. De là-haut, enveloppée dans son nuage violet de pollution et de poussière, la capitale, qui s'étend à perte de vue, offre un spectacle qui ne lasse pas, on la saisit tout entière avec ses quartiers, ses marchés et ses artères principales d'où parvient, assourdie, une rumeur faite du grondement des moteurs, des coups de corne et autres bruits de la ville. Paisible matinée, vraiment, d'autant que, lors de notre tournée des postes, nous avons rencontré des tirailleurs heureux de vivre.

Tout autre fut l'après-midi. À 13h30, alors qu'elle recherchait, comme nous, des roquettes pointées sur la ville, une patrouille canadienne a sauté sur une mine, et deux de nos frères d'armes de la Belle Province sont morts.

Deux heures plus tard, à la suite de l'explosion d'un engin au passage d'un convoi militaire à Deh-Ya-Kub, sur la route Kaboul-Kandahar, la brigade m'a demandé d'inspecter cette zone située en secteur canadien. Avec l'accord du Repfrance, j'ai envoyé nos deux sous-officiers spécialistes en neutralisation d'explosifs (NEDEX), l'adjudant-chef Gervais et l'adjudant Drécourt – les seuls de la brigade capables de conduire ce type d'opérations compliquées –, escortés d'une patrouille blindée, d'un groupe du génie et d'un médecin. L'ensemble était placé sous les ordres du lieutenant Cohelo, chef de la section du génie. Sur les lieux, ils ont repéré une roquette bourrée d'explosif et commandée par un téléphone sans fil. Le lieutenant a fait évacuer le secteur et bloquer la circulation à distance de sécurité, provoquant ainsi un gros embouteillage sur cette route très fréquentée. Attendant désespérément les renforts des Canadiens et des policiers afghans qui ne sont jamais venus, le maréchal des logis commandant la patrouille blindée a tenu tête pendant deux heures à un flot de véhicules et de passants en colère. Il a réquisitionné un Afghan parlant un peu anglais pour lui servir d'interprète auprès des passants qui cherchaient à passer outre ce frêle barrage. Pendant ce temps, les démineurs détruisaient cette saleté de roquette piégée.

Quand je les ai vus revenir, épuisés, tellement humbles, j'ai pensé que nul autre métier ne suscitait de tels moments. Le « margis », à qui je demandais s'il n'avait pas craint la réaction de la foule, m'a simplement répondu, dans un sourire qui éclairait son visage exténué : « Non, mon commandant. J'avais ma patrouille, mes véhicules… et mon arme ! » L'adjudant-chef Gervais : « Vous savez, mon commandant, il y a un moment où il faut bien y aller. Alors on pense très fort à plein de choses, on espère aussi que l'abruti qui a mis ce piège en place n'est pas en train de nous observer pour le faire péter au mauvais moment. On s'approche, et il n'y a plus qu'à se concentrer sur les gestes techniques, à comprendre le piège, à déconnecter le bon fil. Le reste, la vie, la famille, la mort, il faut y avoir pensé avant. »

Je n'oublierai pas le moment précédant celui où j'ai donné les ordres. J'ai pensé : « Quelle est ta mission ? Est-ce bien la peine de risquer la vie de tes sapeurs ? Pour qui, pour quoi ? Et ça ne se passe même pas dans ton secteur… Lequel ne reviendra pas ? Donne-leur un ordre clair, sans ambiguïté, sans interprétation possible. » Eux, qui avaient à exécuter la mission, et moi, qui restais au CO, nous savions ce qu'ils risquaient : la mort. J'ai dit : « Maintenant, en avant, sans zèle inutile… » Puis j'ai plongé mon regard dans le leur, nos sourires de façade masquaient une tension réelle. Il n'y avait plus qu'à suivre la situation. Depuis l'autre extrémité de l'immense Kaboul, les comptes rendus radio, parasités, étaient presque inaudibles, réduits à des syllabes, nous étions tout ouïe, tout à l'extrême tension de ce qui se passait à Deh-Ya-Kub.

Commander des hommes de cette trempe est un honneur, que j'essaie de mesurer. C'est simple mais parfois difficile, toujours exigeant. Dans ce métier des armes, être chef autorise à risquer des vies qui ne nous appartiennent pas.

Il faut de la confiance pour exécuter une décision prise par un autre. Il en faut aussi pour commander. Beaucoup. Parce qu'il y a quelque chose que nous mettons au-dessus de nos vies. Mais quoi ? À chacun sa réponse. Ou pas de réponse du tout.

Vendredi 3 octobre

Contrecoup des événements d'hier après-midi ? Je me sens épuisé, incapable de raisonner clairement ni d'avoir une idée à peu près juste de la situation du bataillon. C'est dangereux. La journée qui s'achève n'a rien arrangé. Un beau projet de nos ACM, mal compris, est en train de tourner au fiasco. Savoir faire est une chose, faire savoir en est une autre, certainement tout aussi nécessaire.

Samedi 4 octobre

La nuit douce, tiède, claire, contrairement aux précédentes, est tombée depuis longtemps. J'entends des milliers de grillons, comme l'été dans nos campagnes de France. Enfant, je croyais que leur chant mélancolique était aussi celui des étoiles, je l'imaginais plein de promesses d'un bonheur un peu triste, de souvenirs aussi. Jamais cette image ne m'a quitté. Mais, sur cet aéroport que la nuit a enfin rendu silencieux, c'est parmi les ruines que chantent les grillons.

Ce matin, nous avons rendu les honneurs à nos deux camarades canadiens tués jeudi dernier par une mine antichar. Leur dernière demeure sera leur patrie, si éloignée, si différente de cet Afghanistan. Cérémonie sobre, et cosmopolite : Turcs, Italiens, Allemands, Britanniques, Français, Norvégiens, d'autres encore entouraient les Canadiens. Visages graves. Cérémonial militaire puissant, pudique, fort en symboles : des gestes simples, exécutés avec rigueur, qui traduisaient l'émotion et la fraternité d'armes de ceux qui se trouvent engagés dans une même mission. Alors que les cercueils métalliques recouverts du drapeau à feuille d'érable disparaissaient dans le ventre sombre de l'avion, je songeais au bataillon, à nos missions dites « de routine », finalement toutes dangereuses. Mourir pour l'Afghanistan ? Mourir pour la France en Afghanistan ? Nous y servons notre pays. Et je pense à ceux que je commande, dont il faut souvent freiner les élans d'enthousiasme. Il ne se passe pas trois jours sans qu'un des capitaines propose une idée nouvelle, un projet grandiose. J'aime leur vitalité, la jeunesse de leurs sections et pelotons. Ils sont de bons soldats, attachants de générosité et de simplicité, capables aussi de c… monumentales.

Ce soir, j'ai une envie folle de retrouver « mon » Auvergne, ses volcans, ses grands espaces libres, son charme rude auquel je ne résiste guère. Là-bas, je sais des lieux, des bruits, des odeurs, des parfums, des souvenirs. Aucun ne m'est indifférent : tous, eux aussi, m'ont construit. Peut-on se laisser conquérir à ce point par un pays ? Je n'y comprends rien, c'est comme une sorte d'aveuglement.

Est-ce le chant des grillons ? Ils chantent ici la même mélopée solitaire que dans les champs qui bordent Arlanges ou le Grelet. Ils résonnent en moi des mêmes échos, ils sont indifférents au temps qui passe. Ou peut-être veux-je les entendre ainsi. Un jour, je l'espère, l'Auvergne accueillera enfin tout ce que je n'ai jamais su amarrer dans un autre port.

Visites

MARDI 7 OCTOBRE

Voilà un mois aujourd'hui que nous sommes ici. Naïvement, à mon arrivée, je comptais me rendre plus souvent sur le terrain, partager un peu de la vie des tirailleurs de la compagnie, des éclaireurs de l'escadron, partir à la rencontre des Kaboulis, mais je ne suis plus lieutenant. Et je me serais vu prince éphémère d'une province qui ne m'appartient pas et dont je ne comprends pas la langue ni ne connais la culture, si je m'étais laissé aller à imaginer que l'on peut, à 37 ans, réaliser des rêves d'enfant inassouvis. Posé sur mon bureau comme un presse-papiers, mon appareil photo, fidèle et robuste témoin de mes voyages, ne sert pour le moment qu'à me donner des regrets. Il m'invite à sortir, mais, rien à faire, je demeure rivé au CO où me happent des questions de tous ordres et de toutes importances et, si je m'en éloigne, c'est pour accompagner une autorité, me rendre à une réunion, m'assurer d'un point particulier. Pas une seule fois je n'ai pu ou su me rendre disponible pour rejoindre une section, patrouiller avec l'escadron, détruire des obus ou dépolluer (déminer) un tronçon de piste avec les sapeurs, participer à un entraînement de guidage de bombardement aérien avec nos cinq aviateurs.

Mercredi 8 octobre

Soir de grand vent, presque glacé. De violents éclairs déchirent la nuit. Cette salle qui nous sert de CO est traversée de courants d'air : pas de mastic aux vitres, retenues seulement par des baguettes clouées et protégées par un grillage illusoire, des trous dans les murs, des fuites dans le toit dès qu'il pleut… Hier, patrouille de nuit avec une section d'infanterie pour escorter le général adjoint au commandant de la FIAS, canadien lui aussi. Il y avait un peu de tension dans l'air, je n'ai pas senti mon visiteur très à l'aise. Dans une rue commerçante, il est demeuré en retrait d'un baby-foot autour duquel s'agitait bruyamment un groupe d'Afghans. Comme autant de satellites aux orbites incertaines, des insectes de toutes tailles tournoyaient autour d'une grosse lampe à gaz dont la lumière blafarde creusait les visages d'ombres inquiétantes. Quand je lui ai demandé s'il voulait jouer, il m'a dit que non. À moins que je ne sois de la partie… Qu'à cela ne tienne ! Et nous voici face à face, accueillis avec joie et naturel parmi les joueurs dont deux nous ont gentiment cédé leur place, nous disputant maladroitement la balle de liège usée. Comme ils furent savoureux, ces moments passés dans cette rue à peine éclairée, poussiéreuse, empuantie par les détritus en décomposition dans la rigole, résonnant des cris des enfants excités et d'une musique aigrelette, parmi ces gens dont nous ne connaissons pas la langue mais vers lesquels il est étonnamment simple d'aller.

Jeudi 9 octobre

Depuis trois jours, un délicieux goût d'automne. Mais encore ce vent du soir qui me glace les jambes, tandis que je suis à ma table de travail, dos à la fenêtre. La journée a été radieuse. Tôt ce matin, j'ai vu le soleil chasser la nuit puis caresser les montagnes entourant Kaboul d'une lumière très douce. La ville, pour la première fois, n'a pas été prise dans son nuage de pollution opaque. Un matin pas comme les autres. La vue portait loin, jusqu'aux montagnes du Pamir saupoudrées de neige. Enfermé dans ce CO à préparer les prochaines opérations, la journée m'a paru longue. Tout à l'heure, regardant distraitement par la fenêtre grillagée la nuit tomber sur l'aéroport, j'ai pensé qu'en quittant ce pays, dans trois mois maintenant, je n'en aurai découvert qu'une infime parcelle et que j'aimerais y revenir en simple voyageur, l'approcher au gré des rencontres, essayer d'écouter battre son cœur.

Dimanche 12 octobre

Trois jours sans rien écrire. C'est long, trois jours, quand on est dans le creux de la vague. Après un premier mois intense, vient le moment où il faut reprendre son souffle. Heureusement, nous sommes en alerte, menacés notamment par des tirs de roquettes. Voilà qui met un peu de piquant dans nos nuits, réveille les attentions, accrédite mes conseils de vigilance. À 17h30, j'ai distribué aux unités leurs missions pour la semaine : présence accrue dans telle zone pour la compagnie d'infanterie, patrouilles de nuit sur tel axe pour l'escadron, observation discrète à tel endroit pour d'autres... Une sorte de frémissement s'empare du bataillon lorsque peuvent se profiler des émotions, des aventures, et des résultats. Or c'est justement si nous savons dissuader et qu'il ne se passe rien que nous aurons réussi. Allez faire comprendre ce paradoxe à des soldats qui, malgré une appréhension compréhensible, voudraient se trouver confrontés à une menace visible, palpable... Ils s'impliquent avec une passion que j'ai rarement observée, ce qui me fait souhaiter à tout chef un tel commandement. Il est vrai qu'à la faveur d'une mission si singulière se nouent des relations humaines qui ne le sont pas moins.

Demain, un écrivain vient nous visiter. L'ambassade nous a commandé pour lui le circuit de découverte de la plaine de Chamali. Difficile de refuser de jouer les guides, même si cela nous laisse souvent ébahis. Mais pourquoi pas ? Au demeurant, l'agence n'offre que des avantages : déplacements en toute sécurité, conducteurs expérimentés, connaissance fine du terrain, émotions et frissons garantis – le tout gratuitement. Demain, donc, Olivier Rolin empruntera dans mon VBL des pistes poussiéreuses et défoncées. Ma consigne, je l'imaginais dissuasive : que tout visiteur, quels que soient son grade, sa fonction, sa tenue ou le motif de sa visite, connaisse la réalité de notre quotidien. Mais rien n'y fait, ni la chaleur ni l'inconfort, ni la puanteur des ruelles les plus inhospitalières de

Kaboul-nord : nos hôtes, généralement, en redemandent, ruisselants sous le casque et les dix kilos du gilet pare-éclats que nous les sommons de revêtir. Je voudrais connaître les intentions d'Olivier Rolin, les raisons qui l'ont poussé jusqu'ici. Si les circonstances s'y prêtent, et s'il accepte, peut-être les évoquera-t-il et me parlera-t-il de son récent *Tigre en papier* dont j'ai entendu parler mais que je n'ai pas lu.

Aide médicale gratuite

LUNDI 13 OCTOBRE

Loin de chez soi, l'on prête davantage attention aux choses les plus simples, elles prennent une saveur, une valeur oubliées : un bon repas, une matinée ensoleillée, une conversation autour d'une cigarette, un avion qui décolle dans la lumière du soir et se perd dans l'or du couchant, une lettre, quelques notes de musique… Ainsi de la journée d'hier avec Olivier Rolin, baignée d'un air de Paris que j'ai goûté avec plaisir. Nous avons quitté l'enceinte de l'aéroport en passant près des carcasses d'avions d'un autre âge, puis longé les zones minées et emprunté la porte nord, « le poste tadjik » pour gagner les quartiers animés de PD11 et PD15, le col Massoud et la « maison du roi » du côté de Kariz-E-Mir. Comme à chaque fois, les vestiges de cette ancienne et modeste résidence, avec sa piscine délabrée, ses murs lépreux, la route d'accès creusée d'ornières, m'ont laissé un profond sentiment de tristesse. Le gardien des lieux, un vieil Afghan dont nous ne savons ce qu'il fait là ni de quoi il vit, est venu rôder comme à son habitude autour de nos petits blindés. Toujours, les patrouilles de l'escadron lui laissent des provisions. Mais nous ne parlons guère avec lui : il s'y refuse ou, alors, ne prononce que des mots rares et incompréhensibles. Nous nous plaisons à imaginer qu'il a connu autrefois cette maison habitée et qu'il est aussi le gardien de souvenirs perdus. Sur la piste qui traverse la Chamali du côté de Daneshmand, nous avons croisé de vieux camions chargés de pierres arrachées à la montagne et destinées aux constructions nouvelles des faubourgs de Kaboul. Nous avons traversé des villages aux cultures bien irriguées, vu les récoltes de fourrage soigneusement ordonnées le long des murs de terre. Nous avons salué les enfants de la main, jeté en passant du haut de nos véhicules un regard indiscret dans les cours de maison, croisé des nomades dans le désert après avoir franchi un canyon à gué. Près d'une source, au fond d'une grotte, nous avons fait une pause, le temps de partager un casse-croûte après avoir posé nos casques et rafraîchi nos visages. Puis le désert à nouveau, la route *Bottle*, le retour à l'aéroport. Au long du parcours, nous avons parlé, mon hôte et moi, du métier d'écrivain, de ses livres, de ses projets. De l'Afghanistan, aussi, qu'il avait voulu revoir avant de participer à quelque débat. J'ai apprécié cette rencontre. De retour à Paris, comme convenu, je lui offrirai une photo en souvenir de cette visite, la première d'une longue série : neuf généraux de différentes nationalités, de hauts responsables de l'OTAN et d'autres personnalités sont annoncés pour les prochains jours. Viennent-ils afin de comprendre les difficultés de notre zone, ou pour se procurer des émotions fortes ? C'est du travail en perspective mais autant d'occasions de leur donner à voir un Afghanistan plus « concret ».

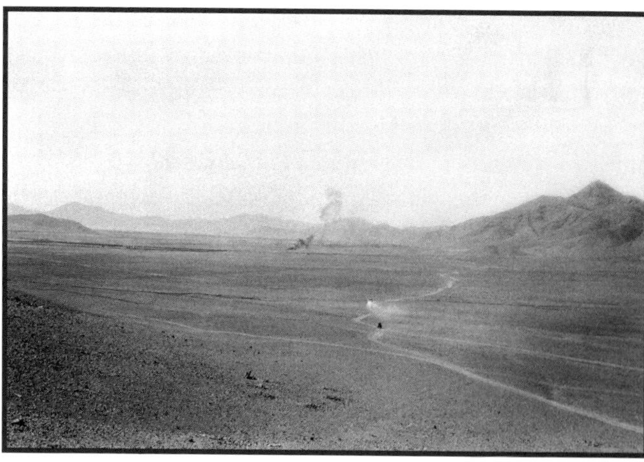

La nuit dernière, un gros pépin a de nouveau été évité de justesse. Une de nos patrouilles en observation s'est trouvée prise à partie par des Américains, probablement de la CIA, qui, surpris par nos véhicules à l'arrêt au cœur de la nuit, ont dû se sentir menacés et lui ont fait face. Il a fallu le sang-froid du capitaine Garnier, qui était de cette mission, pour éviter une fusillade fratricide. Ce type d'incident peut vite survenir si l'on s'affranchit des règles de coordination : chaque nation a son terrain de chasse, il est dangereux de traverser celui du voisin sans l'en avoir préalablement informé.

Jeudi 16 octobre

Belle journée dans la Chamali, dont les paysages, d'une traversée à l'autre, ne me lassent pas. Les jeux d'ombre et de lumière, particulièrement le soir, me touchent. Je ressens ici une immense liberté, et la joie de faire mon métier dans des conditions uniques. À Kaboul, dans la succession des jours, et la fatigue aidant, événements et découvertes perdent du relief à mes yeux. Mais je veux garder intacts ma curiosité et mon regard sur un monde tellement différent du nôtre. Intacts aussi demeurent mes liens de confiance et d'estime avec le Caïd, je veux même les croire renforcés. Le commandement de ce bataillon représente l'expérience la plus passionnante de ma courte vie d'officier. Je redoute déjà le retour en France. J'ai beau savoir que c'est aussi dans les petites exigences du quotidien que réside la beauté d'une existence, réussirai-je à trouver de la joie dans l'ordinaire ? Je ne puis partager ma vie en profondeur, et cela me manque. Même si elle reste source de joie, l'écriture ne remplace pas une présence. Elle donne à voir un monde dont on sélectionne les images que l'on veut montrer.

Deux généraux, demain. Pour le premier, le matin, le circuit touristique A, avec présentation de soldats vivants et armés qui effectuent une patrouille dans un véritable quartier de Kaboul. Pour le second, le parcours culturel B bis : trois haltes pour les prises de photos et la possibilité de discuter avec le pilote du VBL. Le rafraîchissement en fin de visite est offert.

Vendredi 17 octobre

Ces quatre jours sans avoir rien écrit me donnent le sentiment d'avoir failli à je ne sais quel devoir. Et si les moments exceptionnels de cette mission s'évanouissaient sans laisser aucune trace ? Ni les mots ni les images ne sont d'ailleurs assez forts pour donner une juste idée des impressions que suscitent des événements simples ou insolites. Comment décrire un émerveillement, un étonnement presque permanents ? Ce qui fait aussi la force d'un instant, c'est précisément qu'il est unique et disparaîtra sans rien laisser d'autre qu'un souvenir vague dans une mémoire oublieuse. Ne pas prendre de photos, ne rien écrire, ne rien conserver ? Nous sommes poussés par le besoin de partager nos émotions, nos sentiments, nos impressions.

Respectant une coutume bien française, le bataillon organise une opération d'aide médicale gratuite (AMG) chaque semaine. Un médecin est mis à disposition d'un village, parfois le vétérinaire aussi, lorsque le *malek* (le chef du village) demande un examen des troupeaux. Dans ce pays, l'affaire prend une tournure particulière en raison des usages locaux. Il faut prévoir deux salles de consultations, une pour les hommes, une pour les femmes. Et nous avons besoin d'interprètes capables de traduire les termes médicaux simples, les ordonnances aussi. Dans la salle des hommes règnent le silence, la discrétion, une attitude presque résignée face au calme des médecins. Dans certains villages, les patients donnent le sentiment, à la sortie, de se sentir fautifs d'avoir accepté les soins d'un étranger au clan. Ou épiés, comme si tout lien trop visible avec les Occidentaux leur faisait courir un risque. Dans la seconde salle, l'ambiance change. Les femmes, vêtues de leur burqa bleu délavé, sont accompagnées des enfants. Chacune veut assister à la consultation des autres : on discute, commente, glousse, observe. Il s'agit d'une consultation sommaire, donnée la plupart du temps par une infirmière du bataillon, s'il s'en trouve alors une de disponible. Lors de la dernière AMG, le médecin a procédé à une intervention gynécologique sur une femme relevant d'une fausse couche. Pour ne pas heurter les usages, il a opéré… les yeux bandés. Une première pour lui. Il s'en est parfaitement tiré, mais en est sorti épuisé, et les larmes aux yeux. Ces opérations, qui constituent un petit événement dans les villages, permettent aussi de tisser de fragiles liens de confiance avec ces Afghans que nous, Occidentaux, avons tant de mal à appréhender. Nos médecins sont heureux d'intervenir, tout en regrettant que les visites médicales consistent trop en une distribution de médicaments : faute de suivi, la portée de leurs soins demeure toute relative.

Mercredi dernier, j'avais convié le général commandant la brigade à une AMG organisée par l'escadron au profit d'une tribu de nomades qui s'apprêtait à quitter la Chamali pour rejoindre les plaines de Jalalabad, plus clémentes en hiver (l'altitude, à Kaboul, est de 1.800 mètres). Nous a-t-il pris pour des fous, notre général ? Après avoir traversé une vaste étendue désertique écrasée de chaleur et couverte d'une poussière aussi fine que de la farine, nous nous sommes dirigés vers quelques tentes crasseuses. Des enfants courant dans tous les sens nous ont réservé un accueil joyeux et insouciant. Comme toujours, deux tentes avaient été réservées pour les consultations, elles sentaient la ménagerie à plein nez. Notre médecin, l'air hagard, ébloui par le soleil, est sorti de la tente des hommes pour venir présenter son AMG au général qui posait sur la situation un regard plus que médusé. Mais c'est quand il a vu notre vétérinaire soigner un dromadaire blessé à la patte postérieure qu'il a fini de se faire une opinion sur les Français de sa brigade. La consultation a commencé par une corrida, histoire de contraindre l'animal à se coucher. Puis diagnostic, piqûre, coup de sabot dans la figure du vétérinaire et retour de l'animal à la liberté : du très grand cinéma.

Samedi 18 octobre

Tous sont allés dîner. Pas moi, qui manquais d'appétit et voulais m'isoler un moment. La fatigue accumulée ces derniers jours brouille ma perception des événements, j'ai préféré goûter le calme du CO, j'apprécie ces lieux quand ils sont désertés.

Hier, la soirée a été rallongée par une mission qui aurait pu mal tourner : un convoi de dépannage est parti trop tard secourir un camion en panne en plein désert, il s'est perdu dans la nuit au cœur d'une zone réputée dangereuse. C'est une succession de décisions peu réfléchies qui explique cette situation insatisfaisante, il m'a fallu tirer les choses au clair. Et s'il s'était agi de secourir un blessé... Dans ce genre de situation, on a tendance à se réfugier dans l'action, alors qu'il faut simplement coordonner et commander, rester à l'écoute du réseau radio, suivre l'évolution des opérations sur la carte. On se met à la place de ceux qu'on a envoyés sur le terrain, on prépare les mesures à prendre en cas de complications – il y en a eu, il y en a d'ailleurs toujours dans ces moments-là – et on se sent démuni, mais on doit faire confiance, se contraindre au calme à mesure que monte l'inquiétude, on rassure ainsi l'entourage à défaut de se rassurer soi-même.

Cette même journée d'hier, un général allié a visité le bataillon. Jamais encore nous n'avions rencontré un personnage aussi antipathique et incorrect. J'avais beau m'exprimer dans sa langue maternelle, nos premiers contacts ont été immédiatement houleux. Du coup, je n'ai fait que respecter les règles élémentaires de la courtoisie et de l'hospitalité, de manière à ne pas porter préjudice au contingent français, et la traversée de la Chamali a duré deux heures : nous ne nous sommes parlé que cinq fois, et très brièvement, il prenait ses photos, je me suis tu.

Au reste, j'étais happé par le paysage que nous traversions, incroyable de paix et de beauté, presque vide de végétation mais plein de vie, cette « plaine des vents » bordée de montagnes sévères, ces nuages de sable fin soulevés par nos petits blindés, la chaleur du soleil apaisé portée par une brise caressante. Je n'oublierai ni les villages clos de murs faits de cubes de terre séchée, ni les enfants joyeux agglutinés autour des pompes et agitant leurs mains à notre passage, ni les raisins qui sèchent sur le toit des maisons, ni les ors de l'automne dans les arbres des oasis, dans l'eau paisible des canaux d'irrigation. Je n'oublierai pas non plus la scène toute biblique de cet homme guidant son âne dans un désert de rocailles vers la montagne ; sur l'animal était assise une femme voilée de noir, la fuite en Égypte… Des instants magiques et furtifs, loin de mon passager – magiques parce que furtifs ? Après le désert, ce fut l'asphalte de *Bottle* et le retour vers Kaboul qui se préparait à la nuit : banlieue sale, troupeaux de moutons au beau milieu des voitures, taxis jaunes (tous des Toyota, modèle Corolla) et camions surchargés, brinquebalants, décorés à la pakistanaise, roulant dans un bruit infernal, crachant d'épais gaz d'échappement et surnommés « *jingle trucks* » en raison des chaînes qui pendent tout autour de leur caisse et de leur cabine.

Puis, sans transition, j'aime cette absence de transition, le bureau. Je venais à peine de poser casque et gilet pare-éclats et de m'affaler sur une chaise de campagne quand, sans même avoir eu le temps de me passer de l'eau sur le visage, j'ai été assailli : « Mon commandant, il faut que vous rappeliez d'urgence... Mon commandant, j'ai posé sur votre bureau le dossier de... Mon commandant, il y a eu un incident avec... Mon commandant, le Caïd vous demande... » J'ai ouvert le signataire, tenté de me concentrer un minimum, gribouillé un document urgent, prêté une oreille distraite à une histoire qui pouvait attendre et pensé que, oui, ce métier n'a pas vraiment d'égal.

DIMANCHE 19 OCTOBRE

Dimanche soir. Atmosphère un peu recueillie, conversations à voix plus basses : chacun a la tête et le cœur ailleurs, auprès de ceux qu'il a laissés en France.

Il y a une semaine, un lieutenant de la compagnie d'infanterie nous a invités à fêter la naissance de son fils. Ses paroles simples ont ému l'assistance. Il disait sa fierté et sa joie, son amour et son admiration pour sa femme restée seule, ses regrets, aussi, que la camaraderie apaisait un peu. Au centre de la table, la photo du petit bonhomme qu'il ne pouvait tenir au creux de ses bras puissants, il lui faudra attendre trois mois. Quitter son foyer pour plusieurs mois est une expérience que je ne connais pas. Tout en ressentant une admiration vraie pour les pères de famille éloignés des leurs, je me suis surpris à me demander si j'en serais capable. Pour moi, jusqu'alors, partir, partir pour une aventure généralement espérée et attendue, c'était somme toute facile : personne ne dépend de moi. Mais, ce soir-là, il m'a semblé soudainement que commander ce beau bataillon n'engageait pas autant que de fonder une famille.

Ne pleut-il jamais dans ce pays ? Le soleil a encore illuminé la journée. L'automne, pourtant, est là. Il jaunit les feuilles, adoucit la lumière, allège l'air où le moindre bruit porte étonnamment loin. Alors je me prends à rêver de la campagne française, d'un lieu tout d'harmonie et d'équilibre : châtaignes grillées, cheminées fumantes, forêts dorées, odeurs d'humus… Et de Paris, où les manteaux, de sortie, dissimulent la silhouette des femmes, où la vie se fait moins insouciante, plus nostalgique, après la grande pause de l'été. Dans ce CO traversé de courants d'air et de souris, où je sens l'écoulement du temps que rythment des bruits familiers, je mesure tout ce qui me sépare d'une existence dite normale.

Vitres brisées

Vendredi 24 octobre

Le Gharin Ghar est une montagne violet sombre, sévère dès qu'elle échappe aux rayons du soleil. À son pied, les champs de tir, un endroit désolé, lunaire, où je me suis rendu cet après-midi. Le lieutenant y entraînait ses tirailleurs, tout en maintenant à distance des dizaines d'enfants qui, à peine les tirs achevés, et même pendant les tirs, se ruaient pour ramasser les étuis de cartouches. De loin en loin, une caravane de dromadaires précédée de quelques ânes décharnés traversait l'ocre sombre du désert. J'ai passé du temps avec la section d'infanterie et participé au tir – il faut s'entraîner. De retour vers Kaboul, au détour d'une piste, nous sommes tombés sur un cimetière de blindés soviétiques : canons tordus, tourelles déboîtées, chenilles brisées, châssis revêtus d'inscriptions pacifistes multicolores. Le caporal-chef Rouxelin, mon pilote, a immobilisé le VBL sans que je le lui demande. Nous étions saisis par le spectacle de cet amas d'engins rendus au silence, vestiges d'une décennie d'occupation qui n'a pu soumettre l'Afghanistan. De l'atterrissage des premiers soldats soviétiques à KaIA, le 27 décembre 1979, jusqu'au départ, le 15 février 1989, du dernier (le général

Boris Gromov qui franchit avec son fils un pont sur la rivière Amu), l'Armée rouge fut tenue en échec, comme le furent Alexandre le Grand puis d'autres encore avant les Britanniques. Nul n'a jamais durablement occupé ce pays à la géographie hostile. Nous autres, Occidentaux aux objectifs incertains, saurons-nous, le moment venu, partir tête haute, avec le sentiment de la mission accomplie ?

Puis, du côté de Tarakeyl que surveille le « poste de Pompelle », dans un coin de campagne encore intacte, sans doute parce qu'elle est un peu marécageuse, notre route a longé des clos de vignes. Derrière de hauts murs de terre séchaient des raisins formant des dizaines de rectangles de vingt mètres carrés environ : un vaste patchwork de couleurs allant du vert au brun sombre. Le soleil dorait aussi les feuillages de chênes somptueux à l'ombre desquels, dans un chemin creux, s'attardaient des ânes et des chèvres. Il aurait été bon de prendre le temps d'une halte, mais il fallait poursuivre vers l'aéroport, le contourner par la piste bordée de champs de mines et de carcasses d'avions de combat, pour retrouver le CO et la vie du bataillon.

Samedi 25 octobre

Lundi dernier, à Katakeyl, village pachtoune situé à l'est du secteur, au pied des montagnes de Kohe-Sofi, la section du génie devait détruire à l'explosif obus, roquettes et mines trouvés non loin des pistes et entassés dans des fouilles. Ces missions presque quotidiennes contribuent à

la protection de nos unités, bien sûr aussi de la population. Avec toute la fougue de qui se sent utile, les sapeurs se mirent à l'œuvre. Mais, le lendemain, une section de tirailleurs qui devait traverser Katakeyl fut bloquée par un rassemblement d'habitants furieux : les explosions de la veille avaient brisé les vitres des maisons alentour. Par radio me parvenaient des comptes rendus alarmistes, le ton montait, la situation s'envenimait. L'une des réactions les plus répandues chez les chefs est de s'emporter (inutilement) contre le subordonné à l'origine d'un souci dont ils se seraient volontiers passé. Je n'y ai pas échappé :

— Mon capitaine, combien de kilos d'un coup as-tu fait sauter, hier ?

— Mon commandant, me répondit le capitaine Caudéran que j'avais fait convoquer, pas plus que d'habitude : vos Afghans essaient de se payer des vitres neuves sur le compte du bataillon…

Ce n'étaient pas « mes » Afghans, et la réponse m'a semblé trop passionnée pour être complètement honnête. J'ai envoyé Caudéran apaiser les humeurs et sonder les intentions du *malek* sans rien promettre à celui-ci. Un lieutenant des ACM s'est joint à lui, à des fins d'« expertise ». Fallait-il remplacer toutes les vitres brisées, même celles qui l'étaient apparemment depuis longtemps ? Ou ne rien faire pour ne pas créer de précédent ? Un accord, scellé d'une poignée de mains, a été trouvé : nous n'aurions à fournir que les vitres qui semblaient brisées depuis peu, ce qui faisait déjà un bon nombre, sans avoir à les poser nous-mêmes.

Dénicher un vitrier, relever les dimensions des vitres, les commander puis les regrouper par lots, les acheminer et les distribuer fut une mission dont l'équipe des ACM s'est fort bien acquittée. Ce matin, sur la place du village, une bande d'enfants survoltés était rassemblée dans l'attente du camion qui, comme son escorte, avançait à 3 km/h en plein désert, chargé de 191 vitres emballées dans une montagne de couvertures. L'interprète, Farouk, a appelé le *malek*. Après les politesses d'usage, j'ai pris la parole :

— Dis-lui que ce que nous faisons là est exceptionnel. C'est parce que les Français aiment les Afghans. Ce n'est pas une raison pour que les habitants de Katakeyl cassent une vitre à chaque fois qu'ils nous voient passer.

Le *malek* et moi avons échangé des sourires hypocrites.

DIMANCHE 26 OCTOBRE

Vendredi, pour les Afghans, est jour de repos. Nos interprètes sont absents, excepté ceux que le capitaine Garnier a maintenus d'astreinte. Il n'est pas possible d'aller à la rencontre des autorités afghanes, notamment celles des Police Districts 11 et 15 auprès desquelles nous obtenons un peu d'information sur l'ambiance dans leur secteur. Le capitaine Praneuf et son équipe en profitent pour rédiger leurs rapports de renseignement.

Pour un Occidental, vendredi annonce la pause du samedi et du dimanche. Quand vient l'accalmie du soir, nos pensées vont vers nos proches, là-bas, en France, à leurs préparatifs de départ pour la campagne, chez des amis, en voyage. Ici, dans le rythme soutenu des semaines, notre pause, la seule, est fixée au dimanche matin. Avant de retrouver dès l'après-midi sa cadence habituelle, le bataillon tourne presque au ralenti pendant quelques heures. Toutefois, les missions quotidiennes de patrouille et de surveillance ne sont pas interrompues, si bien que seule une petite partie des unités peut souffler.

Nous abordons bientôt la mi-mandat, période souvent un peu difficile en raison de la fatigue accumulée, de la lassitude qui gagne certains, du vague à l'âme aussi. Il faut alors briser la routine qui sournoisement s'installe, ne pas laisser le temps de trop gamberger.

Il est déjà tard. Sur mon lit de campagne, je vais fermer les yeux et laisser les rêves conquérir le domaine que je leur dispute durant le jour.

Octobre rouge

LUNDI 27 OCTOBRE

La section d'appui de la compagnie d'infanterie est équipée de mortiers de 81 mm, de missiles antichars Milan et de fusils de précision (calibre de 12,7 mm, portée de 1.000 mètres) qui donnent au bataillon quelques « appuis ». Cet après-midi, les pièces ont tiré en coordination avec les canons d'une batterie d'artillerie canadienne. Situé à l'est de Kaboul, le champ de tir, utilisé en leur temps par les Soviétiques, occupe un site d'un calme absolu. Il est bordé par le lit encaissé et presque asséché d'une rivière, refuge de bancs d'herbe fraîche.

Pour y accéder, il faut traverser Pol-E-Charkhi, village sans relief, sinon qu'à son approche, dans un paysage désolé, se dresse, ceinte de hauts murs, une lugubre et gigantesque prison, Pol-E-Gôn, bâtie jadis par les Allemands de l'Est. En août dernier, lors de notre visite de reconnaissance, nous avions pu apercevoir, depuis l'hélicoptère, cinq immenses bâtiments en béton sans fenêtres ou presque, cinq rayons partant d'un centre commun et dessinant un polygone.

Après le renversement de Daoud Khan par les communistes Taraki et Amine, du temps de l'occupation soviétique puis sous le régime des talibans, Pol-E-Gôn fut le théâtre d'actes de barbarie, comme il s'en commet généralement pendant les guerres civiles et sous les régimes totalitaires : on y torturait, humiliait, affamait, brûlait vif, noyait dans les fosses d'aisance, enterrait vivant. Dans leur acharnement à réduire toute opposition, les communistes puis les talibans ont anéanti ici l'élite intellectuelle du pays, ainsi qu'une partie des classes moyennes. En longeant l'enceinte de Pol-E-Gôn, « trou puant, avec suffisamment de barreaux pour empêcher le soleil d'entrer »[1], j'ai ressenti un trouble profond, semblable à celui qui m'avait saisi dans le stade olympique de Kaboul en septembre dernier. La paix des lieux, la chaleur inoffensive de cet après-midi de soleil au pied des montagnes sonnaient faux. De cet endroit, j'ai rapporté un peu de terre, comme à chaque fois qu'un lieu me marque.

Mardi 28 octobre

Nos démonstrations de puissance – par exemple des tirs de mortiers en présence d'un public fourni et curieux où se glissent des informateurs – exercent-elles un effet dissuasif sur nos invisibles adversaires, les persuadent-elles que nous sommes prêts à employer la force ? Notre exercice de ce matin, « Vol au-dessus d'un nid de coucous », consistait à transporter tout au nord de la zone française, sur *Bottle* et *Horseshoe* au niveau de Mir Bacha Kowt, une section

1. In *Armée rouge, le dernier combat. Afghanistan, 1979-1989*, Erik Durschmied, Éditions N°1, SIPA PRESS, Paris, 1991.

d'infanterie et une patrouille de VBL en moins de quarante-cinq minutes au moyen de trois hélicoptères CH53. Remarquablement orchestré par Boudet et Garnier, l'exercice bénéficiait de l'appui de l'unité allemande d'hélicoptères avec laquelle nous entretenons d'excellentes relations, ce qui est au demeurant préférable : ses trois appareils sont les seuls dont dispose la FIAS. À terre, nous avions neutralisé les deux axes routiers pour les atterrissages, les champs alentour risquant d'être minés. La manœuvre était impressionnante de puissance. Les VBL élingués sous les hélicoptères dans le ciel afghan ont produit un effet certain. Quand nous avons levé notre barrage, un flot bruyant de véhicules s'est écoulé dans un nuage opaque de fumée. Il y avait aussi des nomades. Avec des dromadaires chargés de leurs impedimenta, ils quittaient la Chamali pour rejoindre le climat plus doux de Jalalabad. C'est à peine s'ils nous ont regardés, j'ai aimé leur impassibilité. Longtemps j'ai regardé s'éloigner le balancement régulier de leurs bêtes. Le fracas des hélicoptères a peu à peu cessé, laissant place au vent tiède de la plaine, au pas feutré de ces animaux fantastiques suivis d'enfants aux vêtements colorés. D'un coup, la vie m'a paru très simple.

Mercredi 29 octobre

Le général Bentégeat, chef d'état-major des armées (CEMA), est en visite pour deux jours. Après les rencontres protocolaires avec le roi Zaher Shah, le président Karzaï et quelques ministres, il a rejoint le bataillon. Le Repfrance l'a accueilli avec le respect et l'estime dus à un tel chef, avec chaleur aussi. Nous, les 500 militaires français engagés sur ce territoire dans les opérations PAMIR et ÉPIDOTE, nous sommes tous rassemblés sur notre petite place d'armes. Du rectangle que nous formions, à la lumière des torches, le chant traditionnel des troupes héritières de notre ancienne et belle armée d'Afrique est monté dans la nuit étoilée et froide, déjà. Deux tirailleurs portant la tenue traditionnelle des Turcos encadraient le CEMA. Durant ces moments purement militaires, familiaux, nos difficultés quotidiennes se sont un temps effacées.

Jeudi 30 octobre

Dans l'après-midi, après une patrouille dans PD11, nous avons, depuis un petit col, présenté au CEMA tout le secteur urbain qui nous est dévolu. Initialement, la présentation était prévue au sommet d'OP1. Mais, une heure avant l'arrivée du général, l'embrayage d'un camion de la section du génie s'est rompu dans la dernière épingle à cheveux de la piste très raide qui en permet l'accès, et qui s'est touvée barrée. Nous nous sommes donc rabattus en urgence sur ce col – une position moins favorable – où le CEMA a écouté nos exposés sans savoir que, là-haut, un camion, ancré in extremis au sol par un câble, se trouvait en travers de la piste et les essieux arrière dans le vide.

VENDREDI 31 OCTOBRE

KAIA menacé par un véhicule suicide ? Les renseignements obtenus par Praneuf sont suffisamment précis pour que nous agissions. Mais le problème est complexe et le compromis entre l'action et la prudence, délicat. Ce matin, une voiture correspondant au signalement a été repérée. Nous avons décidé de l'immobiliser en créant un bouchon de circulation, puis de faire intervenir les policiers afghans. Il s'est avéré que la voiture n'était pas piégée. J'ai apprécié le regard simple et logique du Repfrance sur cette opération qui a rompu le rythme des jours, fait cogiter tout le monde – en particulier mon EMT – et dont nous avons immédiatement tiré les enseignements.

Nos successeurs du mandat PAMIR 7 devant venir en reconnaissance la semaine prochaine, je me rappelle notre arrivée ici l'été dernier, le dimanche 4 août 2003. Je venais de quitter Paris et d'être affecté au 1er Régiment de tirailleurs. Afin de tourner la riche page de ma vie parisienne et de me rendre disponible à ce que l'avenir me réservait, il me fallait classer au rayon des souvenirs les épisodes qu'elle m'avait offerts. J'avais besoin de vivre des moments forts.

Samedi 1er novembre, fête de la Toussaint

Le capitaine Boudet baptise très soigneusement les opérations. « À la poursuite d'Octobre rouge » consiste de nouveau à intercepter un véhicule paraît-il piégé, une Lada rouge qui contiendrait 250 kilos d'explosif. Tout commence cette nuit dès quatre heures du matin, il est prévu de tenir compte des conclusions d'hier.

En attendant, comme chaque samedi, se pose l'avion qui nous apporte munitions, pièces de rechange et nourriture, ainsi que les très précieux sacs postaux. La distribution du courrier est un moment clef de la semaine. Vite, l'impatience gagne et l'on entend pester contre la lenteur du vaguemestre. Ceux qui le distribuent peinent à cacher leur gêne lorsqu'ils laissent un camarade les mains vides, se dédouanant alors par un mot réconfortant. Il faut voir les heureux destinataires : l'un posera son courrier et poursuivra sa tâche, remettant à plus tard l'ouverture du pli, tandis qu'un autre partira discrètement s'isoler et qu'un troisième décachètera son enveloppe avec fébrilité pour prendre tout de suite connaissance de son contenu. À chaque fois que j'en suis le témoin involontaire, je suis ému par ces scènes qui révèlent l'intimité de ceux qui m'entourent. Certes, l'immédiateté, fût-elle ici relative, de l'internet ou du téléphone, procure du plaisir. Mais une lettre qu'on vous tend, que vous glissez dans la poche de votre treillis, dont vous reportez l'ouverture à un moment plus favorable, que vous oubliez puis retrouvez pour enfin la lire et la relire, c'est du bonheur.

Moi aussi, le samedi, je reçois du courrier. En général, ce sont des enveloppes de réexpédition gonflées de relevés divers, de fadaises administratives, de prospectus, aussi de factures en retard. Mes capitaines s'en amusent avec gentillesse :

— Encore votre copine de la banque, mon commandant ? Qu'est-ce qu'elle tient à vous ! Franchement, il serait temps de vous marier…

Ma « copine de la banque » n'est pas la seule à m'écrire. Régulièrement, le capitaine Guelff, resté en base arrière à Épinal, me demande de prendre des décisions à propos des activités en cours ou futures du régiment. Là-bas, en notre absence, la vie continue.

DIMANCHE 2 NOVEMBRE

À 03h30, j'ai regardé les patrouilles de reconnaissance et les groupes d'infanterie s'enfoncer dans le noir, « Octobre rouge » oblige. Un sentiment de satisfaction m'a gagné : les ordres diffusés la veille étaient exécutés au moment voulu. J'ai savouré le calme de la nuit dans le CO, puis j'ai vu le jour se lever, le soleil monter derrière les montagnes de Kohe-Sofi qui nous séparent, à l'est, de la vallée de Surobi, j'ai admiré le voile violet et timide des premiers rayons sur les reliefs qui entourent l'aéroport, et j'ai pensé que, dans ce métier, réflexion et action, sensibilité et dureté, moments exaltants et coups de cafard allaient facilement de conserve.

Toute la journée, en liaison avec les bataillons allemand et canadien, nous avons traqué notre Lada rouge, qui est restée introuvable.

Il est déjà tard dans ce CO désert. Encore un peu de monde dehors, mais je n'attendrai pas leur retour pour aller dormir. Si je ne veux rien perdre de ce que la vie me donne à connaître ici, de temps à autre je ne peux m'empêcher de songer à la douceur de notre beau pays de France. « Il faut vivre les petites choses comme s'il s'agissait de grandes », a dit notre aumônier à la messe ce matin, reprenant une phrase du grand Blaise Pascal, un Auvergnat. Il a, ils ont raison.

Presque rien

MARDI 4 NOVEMBRE

23h45. Retour au CO après un dîner de travail à l'ambassade de France. Quelques lignes quand même.

D'un jour à l'autre, le moral peut connaître des fluctuations d'une amplitude surprenante. Elles procèdent non de circonstances précises mais de lois confuses dont les mécanismes m'échappent. Ainsi, les minutes, aujourd'hui, me semblaient des heures, le temps me pesait bien davantage qu'en période de surmenage, j'étais incapable de me concentrer sur quoi que ce soit. Souvent le trouble survient sans prévenir. Pourtant, il faisait beau, et chaud encore. Il est vrai qu'une couche de crasse plombait l'atmosphère plus que d'ordinaire. Puis le vent s'est levé, un vent d'est violent, épais, chargé d'un sable jaune qui se dépose partout en couche fine et irrite les yeux. Une chute brutale de la température a suivi, et la pluie, pour la première fois depuis août, s'est mise à tomber. Rageuse. On n'y voyait pas à cent mètres. Nous avons abrité nos ordinateurs sous des bâches, placé des seaux pour récolter l'eau qui fuyait du plafond, une flaque s'est formée sous ma table de travail, je patauge dedans.

MERCREDI 5 NOVEMBRE

La pluie de cette nuit a lavé l'atmosphère. À six heures, les sommets des montagnes enneigées se découpaient déjà dans un ciel d'une pureté inhabituelle. Le simple spectacle du lever de soleil a magnifié notre séance de sport quotidienne qui, sous une grande tente spécialement aménagée, nous voit soulever de la fonte ou des boîtes de conserve de cinq kilos remplies de béton, sauter ou grimper à la corde, nous escrimer sur les « rameurs ».

Hier, j'étais donc convié à l'ambassade avec le Repfrance pour une réunion à laquelle participaient l'ambassadeur de France auprès du Conseil de sécurité de l'ONU, l'ambassadeur de France en Afghanistan, d'autres représentants de l'ONU et d'ambassades voisines. Objet : le désarmement des milices afghanes (Alliance du Nord, milices de Hekmatyar, etc.) et leur réinsertion dans la vie sociale, dans la vie « normale ». La réunion, qui fut aussi l'occasion d'évoquer l'avenir de ce pays, s'inscrivait dans le cadre du DDR (désarmement, démobilisation, réinsertion), processus qui vise à limiter les occasions de résurgence d'une guerre civile en neutralisant autant que possible les moyens d'action des « seigneurs de la guerre ».

Il faudrait du temps pour analyser, tels qu'ils m'apparaissent, les enjeux dont l'Afghanistan est le théâtre. Engagée dans cette aventure auprès des Américains et de ses alliés, la France, qui a une position que je veux croire indépendante, conduit une politique à la fois sage et réaliste. Son « effet majeur » n'est pas l'action du bataillon

(PAMIR) mais bien la formation de l'Armée nationale afghane (ÉPIDOTE). Cet « investissement » devrait permettre de tisser des liens particuliers avec cette jeune armée et, à ce pays, de se prendre lui-même en charge.

Avec PAMIR, notre pays participe à la sécurité de la capitale pour favoriser le retour de l'autorité de l'État. En cas de coup dur, la BMNK ne pourrait sérieusement compter que sur trois unités combattantes, dont le bataillon français. La plupart des contingents des trente-et-un pays qui contribuent à cette force sont trop peu fournis ou présentent des restrictions d'emploi (les *caveats*) paralysantes. Le succès de la communauté internationale ici n'est donc pas acquis. Quel effet veut-on obtenir, quels moyens est-on prêt à y consentir ? Quelle est notre légitimité aux yeux des Afghans ? Un retour des talibans dans les années à venir, si nous ne remportons pas des succès rapides dans notre soutien à ce pays, est envisageable, soit par la force, soit par la voie des élections.

Hier, la France me manquait. J'en étais presque neutralisé. Un passage à vide après des journées fort intenses, avant une période qui s'annonce tout aussi animée. Ma force vient de mon EMT, qui fonctionne bien, dans une bonne humeur communicative : chacun, bien à son poste, conserve suffisamment de hauteur de vue et d'humour pour ne pas se noyer dans les soucis de tous les jours. Elle vient aussi des miens, dont les lettres, sans qu'ils le sachent, sont autant de signes d'encouragement.

Les courants d'air froid qui sillonnent le CO, désert à cette heure de la nuit, me poussent vers ma chambre, à vingt mètres de là. Avec les deux transmetteurs qui, tout près de moi, veillent les réseaux radio, je suis le seul à dormir dans ce bâtiment, le gros du bataillon est logé dans des préfabriqués importés de France.

Jeudi 6 novembre

Pour la première fois, ce matin, les conducteurs ont dû gratter le givre sur les pare-brise. À cette époque et à cette altitude (1.800 mètres), le soleil domine encore dans la journée mais la température baisse, surtout la nuit. Dans la Chamali, les écoles ferment jusqu'à la fin des grands froids, en mars. Les briqueteries finissent de vendre leurs volumineuses réserves puis se vident de leurs ouvriers. Dans quelques jours, on ne verra plus leurs fumées de pneus ou de charbon dans le ciel de Kaboul-nord. Il n'y a plus de raisins sur les toits des maisons, ni de feuilles dans les vignes. Les gens se déplacent enveloppés dans leur *patou*, une couverture de couleur incertaine qui sert de manteau. La vie ralentit. Après les fortes chaleurs de l'été, déjà l'hiver pointe, ici.

Dimanche 9 novembre

Arrivés hier, ceux qui nous succéderont fin janvier 2004 seront avec nous jusqu'à mercredi. Ils sont venus préparer leur séjour. Programme de la semaine : demain, survol de

la zone en hélicoptère ; mardi, patrouilles ; mercredi, rien ; jeudi, opération héliportée ; vendredi et samedi, visites de généraux allemands et danois. Puissent ces journées apporter leur lot de surprises, d'imprévus et d'images fortes.

Inondations

LUNDI 11 NOVEMBRE

Le Repfrance avait convié des nations alliées à se joindre à nous pour commémorer l'armistice du 11 novembre 1918. Lors de la prise d'armes, au petit jour, le plus jeune du bataillon, un tirailleur, a lu un texte bref, simple, plein de force et de sens, faisant le lien entre nos anciens de la Grande Guerre et leurs lointains héritiers, dont nous sommes. De tels moments remettent nos difficultés présentes en perspective.

MERCREDI 12 NOVEMBRE

À l'amorce du troisième mois, alors que la fatigue dénude les caractères, chacun se sent plus à l'aise dans son domaine et se croit en sécurité. Tout en restant dans les limites de la mission, il faut briser le rythme des unités. L'emploi des hélicoptères, l'exploitation de renseignements particuliers et les exercices de tirs avec l'ANA en offrent des occasions. Et l'actualité m'aide à maintenir une pression salutaire. Ainsi, l'escadron a découvert avant-hier quatre mines antichars sur une piste qu'il emprunte fréquemment. Et, ce matin, du poste tadjik contrôlant l'accès nord de l'aéroport, le vétérinaire suivait du regard un âne qui flânait sur le bas-côté de la chaussée, quand retentit une forte explosion : la pauvre bête avait marché sur une mine.

Après cinq jours de reconnaissances, nos futurs successeurs sont repartis ce matin avec, peut-être, un peu moins de certitudes. Kaboul, vite, fait son œuvre. L'Asie n'est pas l'Afrique.

Mais leur compagnie n'a pas altéré la joie qui m'a saisi alors que je leur présentais la zone d'action du bataillon : survol en hélicoptère, traversée de la Chamali, patrouilles dans Kaboul-nord, tour de la ville, y compris dans sa moitié sud qui normalement ne nous est pas accessible, ce fut comme une redécouverte de cette terre qui porte les stigmates de la guerre civile. La lumière d'un après-midi d'automne ne laissait pas deviner que, sur une petite colline autrefois boisée, à côté de l'hôtel Intercontinental, le calme palais de Bâgh-E-Balà, ancienne résidence d'été et harem des rois, abritait il y a peu les cruelles orgies des talibans. Ni que, non loin de là, précipités du haut d'un silo à grain, des détenus s'écrasaient sur la chaussée, vingt-cinq mètres plus bas. L'œuvre du ministère de la Vertu et du Vice (sic) des talibans… La civilisation est un vernis bien fragile, à Kaboul comme ailleurs.

La vie semble passer outre les horreurs de l'Histoire. Des quartiers populeux de PD11 et PD15 aux villages paisibles de la zone tadjike, des rues grouillantes et empuanties d'ordures au désert de la Chamali, partout les enfants nous font fête : les mains s'agitent, des cris fusent, on entend des « *aoualiou ?* », des garçons audacieux réclament « *bottles* » et « *bisquits* », les filles toujours restent à l'écart.

Cela ne me fait pas oublier que, dans certains secteurs, nos actions dérangent. La mentalité des Afghans nous est inaccessible, ils nous semblent un peu menteurs, dissimulateurs. Mais nous ne parlons pas leurs langues, comprendre leur façon d'agir est un défi, surtout en quatre mois et par le seul truchement d'interprètes sur lesquels nous n'avons qu'un contrôle limité. Me revient cette phrase d'un soldat soviétique : « Regardez-moi un peu cette bande d'énergumènes. Ils se disent Afghans. En réalité, ce sont des Pachtounes, des Tadjiks, des Turkmènes, des Kirghiz, des Baloutches, des Hazaras, des Nouristanis, et je ne sais quoi encore. Ils n'ont même pas une langue commune. Comment voulez-vous leur parler ? » [1]

Notre présence ne saurait réduire les trafics de tous ordres qui traversent Kaboul (au demeurant, ce n'est pas notre mission). Armes, drogue, explosifs, terroristes circulent, Arabes et Pakistanais viennent reprendre du service en ces lieux où jadis s'étendait leur influence. Des indices laissent présager des temps plus troublés. Premier producteur d'opium, l'Afghanistan est aussi l'un des pays les plus pauvres au monde : un enfant sur quatre n'atteint pas l'âge de quatre ans. Si le gouvernement ne se montre pas capable de venir à bout des seigneurs de la guerre au

1. *Op. cit.*

comportement féodal, les conditions d'une quelconque stabilité seront-elles réunies ? La situation actuelle, si elle perdure, devrait favoriser le retour des talibans. Dans beaucoup de villages, ils ont encore bonne presse. Ils imposaient l'ordre, un ordre il est vrai inacceptable au regard de nos critères occidentaux. La paix semble pourtant de retour, à en juger par l'essor rapide des constructions que le relief difficile ne parvient pas à contenir.

Jeudi 13 novembre

Une voiture d'une ONG libanaise a été la cible de tirs, avant d'être dévalisée des quelques centaines de milliers de dollars qu'elle transportait. Cela s'est passé au passage d'une patrouille de l'escadron qui a pu sauver les deux passagers et donner l'alerte. L'arrivée de la CIA, des services secrets afghans et de bien d'autres autorités nous fit penser que l'affaire ne se réduisait pas à un simple braquage. Comprenne qui pourra les liens qui unissent tous ces acteurs.

La visite d'un général m'a pris tout l'après-midi. Je suis las de jouer les guides, surtout quand l'honorable visiteur s'entoure d'une nuée de gardes du corps (c'est tellement contraire à notre mode d'action), donne des leçons et demande à rencontrer la population, histoire d'emmagasiner une petite émotion dont l'évocation pimentera un dîner mondain à Berlin, Copenhague ou Paris.

VENDREDI 14 NOVEMBRE

Sale temps, toute cette journée, nous n'en avions pas l'habitude. Pluie froide, ciel bas, vent humide, drapeaux qui flottent mollement sur leur mât rouillé, flaques d'eau où se reflètent les rares lumières de l'aéroport qui est notre horizon. La morosité pourrait bien m'envahir. En regardant par la baie vitrée d'où fusent les courants d'air qui me glacent le dos et les jambes, je songe à cette succession de jours vécus depuis notre arrivée, et je revois ce paysan labourant sa terre avec une araire de bois traînée par un bœuf aux pas lents, ces enfants en haillons vivant parmi les animaux de basse-cour, ces hommes en plein désert charriant sur leur dos une montagne de chardons qui nourrira leurs bêtes, ce vieux barbu occupé sur le toit plat de sa maison de terre à retourner soigneusement sa récolte de raisins pour mieux la faire sécher, ces étals de bouchers poussiéreux qui attirent plus de mouches que de chalands ; et, dans les quartiers qui nous deviennent presque familiers, je sens cet air toujours aussi fétide, à moins qu'une bonne odeur de feu de bois ne s'y répande pour me transporter en France. Il y a toutes ces scènes, tous ces visages, parfois une insouciance joyeuse sur ceux des enfants, tous ces paysages saisissants. Mais il y a aussi cette lumière mélancolique, et comme un mur : quelques sorties avec les unités, des rencontres avec les Afghans auxquels on ne parle qu'avec le regard et l'aide d'un interprète ne peuvent évidemment suffire à nous faire saisir les ressorts complexes et séculaires de leur civilisation. Tout, finalement, me semble dur, ce soir.

Que les femmes vivent cachées n'y est sans doute pas étranger. D'elles, on ne voit jamais que les mains. J'ai fini par m'y habituer, évidemment, mais comment la douceur et la beauté des femmes peuvent-elles ne pas manquer à cette société que nous peinons à décrypter ? Elles manquent en tout cas à mon regard.

Vendredi soir… Je me décale de trois heures et me projette là-bas. À quelles activités coutumières les miens vaquent-ils ? Ce séjour loin de tout ce qui m'est cher laisse naître d'étranges réflexions que je repousse : je les approfondirai plus tard. Il donne du prix à ce qui faisait partie de mon existence et qui me manque, sans même que je l'aie perçu auparavant. Il montre combien l'on s'attache à son confort et à ses habitudes.

Dans la nuit froide, en attendant le retour de deux patrouilles, j'ai plaisir à écrire au calme. Il pleut toujours, dehors comme dedans. La flaque dans laquelle baignent mes pieds s'agrandit peu à peu. Elle suit sans bruit les vieux joints du carrelage pour atteindre maintenant les branchements électriques protégés par un emballage de plastique qu'on espère étanche. Provoquera-t-elle un court-circuit ? Ce sera la surprise. Des missions paraît-il importantes m'échoient, et je ne porte attention qu'aux contours mouvants d'une flaque d'eau sale. Le plafond suinte. Les gouttes s'écrasent sur ce qu'elles trouvent en travers de leur chute. Elles ont le bon goût d'épargner ma table de travail.

Il est tard, j'ai de nouveau Paris dans ma tête et, soudain, une tenace envie de musique, je sais laquelle, je sais où j'aimerais l'écouter, la vivre, et comment.

Qu'est-ce qu'avoir une vie « normale » ? Je n'en sais rien. Peut-être juste faire le métier que l'on a choisi du mieux que l'on peut. Dans une heure ou deux, je dormirai. Alors qu'importe la musique et cette question lancinante, tout ou presque finit par passer.

Samedi 15 novembre

Quand j'ai débarqué au CO vers 7 heures du matin, le transmetteur de permanence écopait la pièce censée nous abriter. L'eau accumulée sur le toit encombré de sacs de sable s'infiltre dans notre plafond transformé en éponge qui dégorge le long des câbles électriques, tombe sur les cartes, les dossiers et les ordinateurs, heureusement protégés. Au sol, la flaque d'hier soir a pris la dimension d'une mare qu'il faut contenir à la raclette. Le cœur opérationnel du bataillon s'en trouve momentanément désorganisé.

— Tu trouves une solution pendant que j'accueille le général, ai-je dit à Garnier, hilare.

Fait inhabituel pour un officier de ce grade, le général chef d'état-major de la FIAS, un Danois, était en avance. Je lui ai présenté le bataillon, en salle d'abord puis sur le terrain, le tout en anglais, parfois en allemand.

À mon retour, les odeurs de boue et d'humidité persistaient, bien sûr, mais tout était en place et nettoyé. Récupérée je ne sais où, sale et déchirée par endroits, une bâche portant l'inscription en lettres bleues « *UNHCR. The UN refugee agency* » fait à présent office de double plafond. S'ils savaient, à l'ONU... L'eau qui pénètre toujours autant dans cette pièce tombe désormais sur la bâche inclinée, suit une mèche faite de cordelettes qui la draine dans un seau de fer blanc et au bout de laquelle, bientôt, se formeront des stalactites !

Cela fait des années, paraît-il, qu'on n'a pas vu une pluie pareille. Voilà qui devrait favoriser un peu plus la culture du pavot, d'autant qu'en raison de la sécheresse exceptionnelle de l'été dernier la récolte de blé s'est avérée inférieure à la quantité semée. La vie des Kaboulis a changé. Les fossés secs et pleins d'ordures sont devenus des cloaques infects d'où se répand une pestilence agressive. On ne voit plus les enfants jouer dans les rues transformées en mares boueuses. Pour les franchir, l'on a parfois jeté en travers une mauvaise planche, qui s'enfonce. Au bord des routes, les marchands de bricoles s'agglutinent autour de braseros où le feu, nourri d'un combustible de piètre qualité, dégage une épaisse fumée noire. Dans un quartier pauvre traversé ce matin, des enfants, quelques-uns pieds nus, tous en guenilles, s'agitaient devant un pneu enflammé au milieu de la chaussée. Leur sourire barrait d'un trait blanc leur visage crasseux. Plus loin, accroupi, un autre pleurait. Seul le marché d'épices par lequel nous sommes repartis a apporté une pointe de couleur dans cette matinée trop grise.

Il y a eu des tirs tout à l'heure, je n'ai envoyé personne. Des Afghans règlent leurs affaires entre eux.

Il pleut toujours.

Dimanche 16 novembre

Encore de la pluie, un ciel plombé, de la boue et de l'humidité, ce matin. Après la messe, dite sous une tente dont le toit n'est pas plus étanche que celui du CO, je me suis rendu au marché. C'est important de savoir ce qu'il s'y dit et s'y passe. Bien sûr, nous préférerions arpenter la fameuse *Chicken Street*, une caverne d'Ali Baba, paraît-il. Mais, pour des raisons de sécurité, nul n'est autorisé à se rendre en ville en dehors du cadre d'une mission, et cette rue restera mythique. On a toutefois pallié cette sage décision en autorisant des commerçants agréés à déployer leurs étals le dimanche matin à l'entrée de notre camp sous la surveillance du bataillon. Il y a de tout : horreurs variées, burqas, fausses montres de grandes marques importées du Pakistan, antiquités authentiques ou non, disques piratés, objets militaires datant de la présence des Soviétiques, toques en fourrure, tapis... Chacun rêvasse, discute, compare, marchande dans un mauvais anglais, prend conseil avant de se décider. On trouve aussi des émeraudes, des saphirs étoilés, des saphirs tout court dont la taille grossière diminue probablement la valeur, mais qu'importe : nos hommes en tenue de combat, arme dans le dos, se penchent longuement sur ces pierres précieuses souvent belles, avant de choisir celle qu'ils offriront à leur amoureuse. Les voyageurs savent que l'éclat des souvenirs qu'ils rapportent pâlit à leur retour, ce qu'exprime mieux que moi Saint-John Perse dans l'un de ses poèmes, *L'Arc*, qui figurait au programme de mon concours d'entrée à Saint-Cyr en mai 1987. En guise d'arc, j'ai jeté mon dévolu sur des tapis, un samovar russe... et des saphirs étoilés.

Sur la piste où se reflète le ciel et ses mille nuances de gris décole dans un sillage d'eau et de vapeur un avion de ligne blanc et bleu de la compagnie afghane Ariana. Qui sépare-t-il, qui rassemblera-t-il ? De quelles tristesses est-il porteur, et de quelles joies futures ? Le grondement des réacteurs déchire le calme avant d'être étouffé dans l'épaisseur des nuages bas. La mauvaise météo a considérablement ralenti le trafic aérien. On y gagne en silence, mais ces lieux d'habitude animés ont perdu de la vie. Il pleut toujours, derrière moi un baquet métallique se remplit, je m'échappe. Me voici dans une maison, auvergnate sans doute, au coin d'un feu très paisible. Plus rien ne compte, sinon la merveilleuse sensation d'échapper au temps, d'être étranger à l'agitation du monde. Un sommeil peuplé des rêves les plus insensés m'envahit. Les sons s'éloignent et, avec eux, le grincement des souvenirs qu'on aimerait ne pas avoir amassés, la beauté des moments pleins, le susurrement doux-amer de ceux que l'on a vécus à moitié.

Départ dans quelques minutes pour la réunion des commandeurs à Warehouse. Pendant ce temps, le CO regardera la demi-finale de la Coupe du monde de rugby qui oppose la France à l'Angleterre.

23h45. La réunion à la BMNK n'a apporté aucune nouveauté. Retour à la nuit tombée, l'axe *Violet* n'en était que moins sûr. La France a perdu contre l'Angleterre. Plus de pluie mais un vent glacé.

Déjà une nouvelle semaine qui commence, demain. La météo annonce des températures négatives, Kaboul pourrait devenir une patinoire boueuse. En France, c'est la fin de l'après-midi, on commence à penser que la journée a trop vite passé, qu'on l'aurait volontiers prolongée.

Orages d'acier

Mercredi 19 novembre

Des menaces confirmées pèsent sur la FIAS et ses installations dans les deux semaines à venir. Le Repfrance m'a demandé de concevoir une opération, dont nous avons arrêté ensemble les principes et l'effet à obtenir. Je lui suis reconnaissant de la confiance qu'il m'accorde. J'apprécie son commandement. La réciprocité de notre confiance, doublée d'une réelle estime, me rassure.

Cet après-midi, à partir d'un hélicoptère, nous avons appréhendé la zone d'action où le bataillon évoluera dans quelques jours. L'équipe qui m'accompagnait a pu se faire une meilleure idée de la complexité du terrain. Une heure durant, nous avons survolé à très basse altitude les villages au pied des montagnes déjà enneigées de Kohe-Sofi. Penché aux sabords de l'appareil, près du mitrailleur de bord, je respirais l'air glacé. Malgré le grondement assourdissant des rotors et le claquement des pales, j'éprouvais un sentiment de paix. Les cultures en terrasses, les petits canaux d'irrigation, les clos de vignes dessinaient dans le désert des formes étonnantes relevant davantage de la planimétrie que de la géométrie.

Est-ce la météo ? Aucune visite officielle n'est annoncée. Après les généraux et diplomates, voici les journalistes : ce matin le rédacteur en chef adjoint du *Figaro Magazine* accompagné d'un photographe, demain et samedi des reporters de France Inter et de RFI. Ils passent d'abord au bataillon puis, selon les souhaits exprimés, suivent les tirailleurs, sapeurs ou éclaireurs dans leurs missions. Le regard qu'ils portent sur notre quotidien éclaire le nôtre. Leur perception des événements est singulière, j'ai toujours plaisir à partager nos points de vue, surtout s'ils diffèrent.

Demain, nous assurerons la sécurité des obsèques de la Française de l'ONU assassinée il y a quatre jours en pleine rue pour un millier de dollars, le tarif en cours.

Jeudi 20 novembre

Depuis lundi, soleil et air froid mais plus pur. Alentour, les monts enneigés, le matin, passent du violet au rose puis au blanc immaculé qu'altère vite le dôme de pollution.

Encore une journée de reconnaissances, à terre cette fois, dans la zone où j'engagerai, chaque nuit pendant deux semaines, une section renforcée des mortiers et d'une patrouille de l'escadron. J'ai savouré le pain et le foie gras partagés sur le capot du VBL avec mes compagnons d'équipée, un mur de terre séchée nous protégeait de la bise qui balayait la Chamali. Bonheur de ces instants qu'on sait uniques. Il reste maintenant à donner mes ordres.

Boudet, qui les rédigera avant de les soumettre à ma signature, saura trouver un nom à cette opération.

Au retour, France Inter.

Vendredi 21 novembre

« Orages d'acier » – titre emprunté à l'Allemand Ernst Jünger – commence demain. Le bataillon est sous pression, les unités de combat prêtes à contrer les menaces annoncées en cette fin de ramadan. L'opération n'est pas sans risques, m'a encore confirmé Praneuf ce soir. Je passerai la nuit prochaine dans la Chamali avec un détachement mixte.

Les journalistes du *Figaro* sont revenus suivre nos sapeurs.

Dimanche 23 novembre

La forte explosion d'hier, près de l'hôtel Intercontinental où s'est installé le PC sécurité de la *Loya Jirga* constitutionnelle, a utilement donné du crédit aux menaces identifiées. Nous étions déjà sur le terrain. En début d'après-midi, sur un plateau permettant d'observer la zone à risques, les mortiers se sont mis en batterie. Les servants et chefs de pièces étaient un peu graves à la perspective d'avoir peut-être à ouvrir le feu ailleurs que sur un champ de tir. Alertée sans qu'on sache comment, une troupe de curieux, mêlant enfants et adultes, nous observait à distance. Les tubes de mortier et les obus préparés inquiétaient. Parfait : deux heures plus tard, le secteur devait en avoir déduit nos intentions.

Le danger stimule les tirailleurs, nourrit de l'appréhension, crée une ambiance particulière. Par cette nuit glacée sous un ciel étoilé comme j'en ai rarement vu, mon univers m'a paru autre, sans attaches ni entraves. Une impression inconnue.

La paix de Juybàr

MARDI 25 NOVEMBRE

La section avec laquelle j'ai veillé jusqu'à tard est rentrée ce matin. Les mortiers, pour cette troisième nuit, sont encore restés silencieux. Dans l'immense étendue glacée du désert, sous une splendide voûte céleste, nous avons attendu en vain. La vue des tubes de 81 mm installés dans l'après-midi avait-elle alimenté la rumeur et produit son effet dissuasif ? Nous n'en saurons rien. Mais la période critique n'est pas encore passée, on s'attend à une augmentation des agressions contre la brigade et les Occidentaux. Je n'en suis toutefois pas convaincu. Pour autant, je ne dois pas négliger la menace.

Hier matin, « Vol au-dessus d'un nid de coucous / 2 ». Magnifique.

MERCREDI 26 NOVEMBRE

Rien, ou presque.

Jeudi 27 novembre

Journée faite de satisfactions, d'agacements et d'humour dans ce CO où la complicité grandit. Toute collectivité sécrète des codes que seuls savent déchiffrer ceux qui ont contribué à leur construction. Je goûte ces moments, pourtant insignifiants, avec une joie discrète, sachant combien leur souvenir même est voué à disparaître. Je souris en songeant à chacun de « mes » capitaines qui, concentrés sur vingt mètres carrés, forment un mélange détonnant : trois fantassins, un sapeur, un cavalier, des jeunes et des anciens, autant de caractères bien trempés que tout oppose mais qu'un humour grinçant et une même dévotion à la mission réunissent. Mes fonctions et ma place ne me permettent plus leurs fantaisies. Dommage. Avec ces cinq officiers, dont rien n'entame la bonne humeur, tout est facile, à tout le moins supportable : la conduite des opérations, les coups de tabac, les ordres parfois peu réalistes de la brigade, les moments de tension, les visites imprévues ; il n'est pas une journée qui ne soit pas ponctuée d'un éclat de rire.

Vendredi 28 novembre

« Orage d'acier », toujours. Il ne se passera rien. Partout dans cette partie orientale de la Chamali, on sait que les Français passent les nuits dehors. Chaque soir, nous changeons de lieu de campement par crainte que celui de la

veille ne soit subrepticement miné. Nos munitions et nos armes ont été suffisamment vues pour que le bouche à oreille ait amplifié l'effet de notre action. Certes, nos capacités de réaction, la nuit, sont limitées, mais une section d'infanterie bien équipée impressionne, plus encore lorsqu'elle est renforcée.

J'irai passer la dernière nuit d'« Orage d'acier » sur le terrain, histoire de saluer les étoiles de ces ciels merveilleux. Et, pour ne pas avoir ordonné en vain ces veilles nocturnes, je ferai tirer des éclairants dans l'obscurité sauvage de ce désert. J'imagine déjà les comptes rendus fantaisistes des réseaux alliés. Cela me sera égal. Ma nuit sera blanche.

Samedi 29 novembre

La visite inopinée d'un camarade de promotion de Saint-Cyr, venu traiter quelque affaire de soutien logistique, fut un excellent prétexte pour prendre l'air. Rouxelin, mon pilote, ne s'est pas fait prier pour parer le VBL-PC, y placer l'arme de bord, les munitions, les postes radio, la carte à jour des opérations et tout ce qui m'est nécessaire pour continuer à commander en me déplaçant. L'escorte de l'escadron, indispensable, attendait.

Du col de Paymonar, la vue embrasse la Chamali et bute sur le col de Bagram, qui matérialise la limite nord de la zone française. Un sombre chaînon montagneux en fer à cheval rompt la platitude de cette étendue.

Orienté nord-sud, un profond canyon, qui naît à Shaykhu, sépare la plaine en deux parties inégales : à l'ouest, les richesses et la densité de population, à l'est, le désert. Une autre chaîne de montagnes beaucoup plus élevées forme un amphithéâtre au creux duquel se blottissent « mes » terres.

La piste, rectiligne, nous a conduits jusqu'à la mosquée en ruine de Qal-Eh-Ye Hadji Mohammad Afzalkhan, où nous avons fait une pause. Peu farouches, des enfants ont tourné autour de nos véhicules en se laissant photographier.

Nous avons franchi à gué les eaux boueuses du canyon, cassé la croûte après avoir dressé la table sur la plaque moteur du VBL, poursuivi vers le nord dans un paysage lunaire. Le village de Juybàr nous est apparu dans son humble fierté, composition d'ombres fortes et de lumières douces. Des pistes étroites bordées de hauts murs de terre séchée nous ont acheminés vers la place du village qui domine des gorges où des eaux paresseuses se ragaillardissent un peu sous l'effet d'une cascade. C'était plus qu'un voyage, c'était changer de monde, de siècle. Pour peu qu'on consentît à l'abandon, c'était aussi changer soi-même.

Nous nous sommes trouvés encerclés par des enfants agités et bruyants, vite calmés d'un mot sec par un des anciens venus avec lenteur à notre rencontre. Nous avons fait les salutations d'usage – ces *salâm* que l'on adresse la main droite posée à plat sur le cœur – en soutenant le regard sombre des « barbes blanches ».

Laissant les engins sous bonne garde, nous nous sommes engagés dans le dédale des ruelles. Nous avons longé des enceintes de terre dont le faîte est protégé des pluies par des chaumes, frôlé les murs imposants des maisons percés de rares ouvertures et ressemblant à des remparts de château fort, marqué une halte silencieuse sur la petite place ombragée que traverse un ru et qui, l'été, fait office de mosquée et d'école. Les habitants que nous avons croisés nous ont tenu des propos que, sans les comprendre, nous voulions croire chaleureux. Surprises, des femmes et des filles se précipitèrent dans la première cour venue en se cachant le visage. Du renfoncement obscur où elles s'étaient blotties, nous avons senti leurs regards nous suivre jusqu'à ce qu'elles nous perdent de vue.

Près de la cascade, en contrebas de la falaise, l'eau était claire et bleutée, fraîche sûrement. Des fillettes occupées à quelque lessives ont trop vite voilé leurs visages et fait taire leurs joyeux éclats de voix. Les couleurs vives de leurs vêtements, leurs murmures et rires étouffés, le calme qui émanait de leurs gestes sous le soleil très doux de cette fin novembre me restent en mémoire.

Moteurs ronflants, casque et lunettes ajustés, nous avons pris congé d'un salut de la main et sommes descendus au fond des gorges pour les franchir. Sitôt sur la rive opposée, je me suis retourné. Les villageois rassemblés nous observaient partir. Que ressentaient-ils ? En roulant dans le sillage du véhicule de tête que je distinguais à peine, je me disais que le temps n'avait pas de

valeur universelle. La poussière s'est dissipée lorsque nous avons retrouvé l'asphalte de *Bottle*, mais pas mon rêve.

De Juybàr, je conserve un peu de terre et des images. J'aurais aimé en rapporter la paix.

Dimanche 30 novembre

Le réseau radio reste coi. Dehors, il fait froid.

Messe, ce matin, celle du premier dimanche de l'Avent. Puis réunion dominicale à la brigade. En m'y rendant, je revoyais le Paris du dimanche matin, désert et un peu triste, prometteur aussi de repos, de promenades, de visites, voire d'un bon déjeuner pour les plus chanceux. Peu de voitures encore sur le boulevard Saint-Germain, des cloches qui sonnent de loin en loin, la Seine, des silhouettes sans visage, et cette absence.

Du théâtre, tel m'apparaît parfois ce métier dangereux, avec ses jeux d'influence, le cinéma auquel on s'oblige pour préserver son territoire, la mine sérieuse qui doit masquer l'émotion ou une simple envie de rire, l'air faussement intéressé qu'il faut parfois afficher... Tout ce théâtre me paraît vain. C'est pourtant cette vie, faite de nombreux petits riens, que j'ai choisie.

Je vais dormir. Le ronronnement des groupes électrogènes et, toutes les deux heures, à la relève des sentinelles, le démarrage sous mes fenêtres des camions des Belges vont rythmer mon sommeil.

Novembre s'achève. J'ai envie de cesser d'écrire.

Obus dans la nuit

Mardi 2 décembre

Une petite souris vient de se faufiler entre mes pieds pour aller se réfugier dans le nid de poussière qui s'est formé autour d'un gros nœud de fils électriques. Elle m'a rappelé mes nuits dans la « cuve » du ministère, boulevard Saint-Germain. Après la fermeture des bureaux et le grondement du dernier métro (ligne 12, Mairie d'Issy – Porte de la Chapelle), je n'entendais plus que le ronronnement des ordinateurs, la sonnerie du téléphone annonciatrice d'une nuit blanche et le froufrou des souris qui, trop agiles pour se laisser attraper, sont la compagnie de ceux qui veillent.

Pour fêter le « 2-S-198 », comprendre le cent quatre-vingt-dix-huitième anniversaire de la victoire d'Austerlitz, fête des Saint-Cyriens, les quelque vingt cyrards que nous sommes ici avons marché jusqu'au sommet d'OP1. Comme le veut la tradition, le plus ancien d'entre nous, le colonel Lion, voulait voir se lever « l'aube resplendissante ». Le vent était glacé, le ciel, d'une pureté parfaite. Quand le jour, enfin, a pointé, Kaboul, à nos pieds, s'éveillait, comme pressé de reprendre sa course effrénée vers une destinée incertaine. Au nord, sous la lumière rasante, les ombres ourlaient les oueds asséchés et les villages de la Chamali. De retour à KaIA, les plus jeunes cyrards ont servi le « jus-galette » à leurs anciens, suivant l'usage.

Depuis longtemps les sapeurs m'avaient invité à participer à une séance de destruction. Lorsque je les ai rejoints tout au nord de notre zone, ils s'affairaient sur quinze ODAB 500, des bombes incendiaires de fabrication soviétique pesant 500 kilos chacune. « On vous en a mis une de côté. » À cheval sur « ma » bombe, j'ai suivi les instructions enthousiastes de l'adjudant Drécourt : démonter la coiffe, neutraliser la mise à feu, séparer la fusée du corps, extraire l'explosif, etc. J'admire le travail humble, dangereux, indispensable des sapeurs. Souvent mal fagotés, plus terreux que des taupes, mais attachants, travailleurs et serviables, ils sont ici comme au paradis, tant il détruisent des munitions inconnues – plus de soixante tonnes depuis la mi-septembre.

J'ai indiqué à Rouxelin un itinéraire buissonnier pour le retour. Nous sommes allés au col de Bagram qui domine l'autre partie de la Chamali. C'est à Bagram qu'est établi le PC de *Enduring Freedom,* la force principalement américaine engagée contre les talibans du côté de Kandahar. Nos regards embrassaient cet espace limité au nord par la chaîne de l'Hindu Kush. La ligne de front entre l'Alliance du Nord et les talibans passait dans ce secteur, théâtre d'âpres combats, de trêves, de trahisons, de retournements.

Ces lieux m'ont d'autant moins laissé indifférent que, ce matin, lors du 2-S, j'ai retrouvé un camarade saint-cyrien qui, après avoir servi à Dijon comme jeune lieutenant au 27e Régiment d'infanterie où je l'avais accueilli, puis dans

223

la Légion étrangère, avait démissionné pour venir combattre aux côtés de Massoud qu'il a côtoyé pendant deux ans, jusqu'à son assassinat, le 9 septembre 2001. Il suivait un idéal. Il pose à présent des tuyaux dans Kaboul. « Je reconstruis un peu ce que j'ai détruit », m'a-t-il confié. Étrange rencontre, dix ans après nous être perdus de vue. Elle me laisse un souvenir triste. Les assoiffés d'absolu me semblent inaccessibles.

Passé Shaykhu – un repère de talibans en sommeil, dit-on – la piste de Kalakan était en fort mauvais état. Nous avons rebroussé chemin.

Jeudi 4 décembre

Des roquettes de 107 mm sont tombées à deux kilomètres de l'aéroport. Elles ne proviennent pas du secteur où le bataillon déploie une section renforcée depuis des nuits : « Orages d'acier » est toujours en place. Une fois encore, les mortiers ont été héliportés sur le champ de tir, au sud de Pol-E-Charkhi. À peine posés, ils devaient se mettre en batterie et tirer des obus, cette fois au phosphore.

En arrivant au CO, vers sept heures, j'ai plaisir à m'arrêter devant le grand tableau à colonnes où sont enregistrées toutes les sorties. Les premiers groupes d'infanterie partent vers quatre heures pour être en place sur les sommets dominant l'aéroport avant les premiers mouvements d'avions. Puis les patrouilles de l'escadron s'en vont collecter des renseignements et, partant, afficher notre présence dans la zone qui nous est impartie. Suivent les sorties et liaisons diverses. Tout déplacement est signalé au CO et enregistré. Qui s'en va, pour quelle destination, environ jusqu'à quelle heure, avec quel effectif, quel véhicule, quel indicatif radio : je veux pouvoir disposer en permanence de ces informations sur chacun de ceux dont la sécurité relève de ma responsabilité. Le tableau se noircit rapidement le matin, le soir il s'éclaircit à mesure des retours, comme un immense poumon qui s'emplirait puis se viderait toutes les vingt-quatre heures. Je le vise systématiquement avant d'aller retrouver mon lit de camp.

— Tout le monde est rentré, mon commandant, annonce le transmetteur de permanence.

Nous bavardons un peu, rions, il parle de sa copine ou de sa famille, de ce qui lui plaît ou de ce qui lui pèse.

— J'y vais. Bonne veille. Tu me réveilles s'il le faut.

— Pas de soucis, mon commandant. Bonne nuit à vous.

Je referme la porte voilée du CO et me voici, une quinzaine de mètres plus loin, dans ma cellule rustique. Au plafond, des fils poussiéreux et mal tendus. Aux murs, les calligrammes laissés par les talibans. Dehors, les camions ronflants des Belges, qui, décidément, doivent m'en vouloir : l'odeur des gaz d'échappement, mêlée à la puanteur des cadavres d'oiseaux en décomposition dans les conduits d'aération, s'infiltre jusque dans mon antre. Là, enfin seul, fatigué, heureux un peu, bien des pensées m'assaillent encore, puis me vient parfois, souvent, le sentiment ancien, de moins en moins diffus, d'attendre quelque chose – quelqu'un ? Je m'astreins un moment à écrire. Ma prière ne résiste pas longtemps au sommeil.

Samedi 6 décembre

Journée dense, hier. Avant et après les réunions de la matinée que je devais diriger, j'ai participé avec le Repfrance aux festivités de la Saint-Éloi, patron des forgerons et des gens du matériel. Aux traditionnelles et joyeuses agapes (homards et foie gras) organisées par les mécaniciens dans la grande tente qui abrite les ateliers de réparation, on se sentait en famille.

Dans l'après-midi, sur le polygone de destruction, près du col de Bagram, nous avons détruit deux des quinze bombes incendiaires. À la tombée de la nuit, le cirque montagneux et désertique fut soudain illuminé d'une boule de feu prodigieuse et aveuglante. Bien qu'abrités dans les blindés loin de l'engin infernal, nous avons senti le souffle brûlant de l'explosion, dont l'écho sinistre s'est longtemps répercuté dans le silence du soir.

Sitôt rentré à l'aéroport, à peine avais-je pris quelques décisions en attente que j'ai filé dîner avec des officiers espagnols en visite. Mais j'ai interrompu ces civilités aussi vite que possible – je n'avais pas la tête à ça – pour être aux côtés des tirailleurs qui passaient leur dernière nuit glacée d'« Orages d'acier ». Sous la lune qui luisait, j'ai trouvé chacun à son poste. Comme je me l'étais promis, en récompense de cette rude quinzaine, j'ai alors fait tirer des obus éclairants. Les servants se sont affairés sans bruit autour de leurs tubes, réglant les éléments de tir, préparant leurs obus :

— Prêt, mon commandant.

— Feu !

— Pièce 1, tirez !

— Pièce 1 coup parti, consommé un, reste cinq !

Les yeux scrutent dans la direction qu'indiquent les tubes, les oreilles guettent le bruit sourd et sec du dépotage qui précède le jaillissement de lumière. Puis la boule de feu descend lentement sous son parachute, laissant derrière elle une petite traîne de fumée blanche. Quelques ajustements sont nécessaires avant de commander un nouveau tir, cette fois en assurant la continuité de l'éclairement. La scène, bien réglée, se reproduit. À quelques centaines de mètres de nos positions, on voit comme en plein jour une zone de plus d'un hectare. J'avais l'assurance que, s'il avait fallu tirer, cela aurait été efficace. Et j'éprouvais, nous éprouvions une joie simple au spectacle de ce feu d'artifice dans la nuit afghane. Mais je devrais le taire : ils sont un peu fous, ces militaires.

Dimanche 7 décembre

Messe matinale suivie d'un petit tour au marché afghan et de quelques moments de pause : comme un air de vacances.

Les dates de notre relève sont arrêtées. Les derniers d'entre nous, dont je serai, rentreront en France le 20 janvier 2004 ; nous aurons passé un peu plus de quatre mois ici.

Chez le roi d'Afghanistan

LUNDI 8 DÉCEMBRE

Orage terrible. Le vent souffle du nord en violentes rafales, s'écrase contre les vitres, charrie l'air glacial de l'Hindu Kush. Les infiltrations d'eau sont de retour sans que nul ne s'en émeuve : les opérateurs radio, rodés, savent où positionner les récipients. Demain, l'atmosphère sera lavée, la lumière, neuve, le bleu du ciel, franc ; sous une couche de neige fraîche, les montagnes paraîtront plus proches ; sans doute en oubliera-t-on un instant l'herbe jaunie des bas-côtés de la piste et les misères de ce pays.

En bordure du vaste cimetière de PD11, le « dépôt tech » est accessible sans beaucoup d'efforts à la population du quartier, mais non sans danger : vaguement ceint de grillages, il l'est aussi de mines qui ont été posées voici plus de dix-huit ans, nul ne sait vraiment où… Une quantité impressionnante de munitions gît là, à l'air libre, parfois en vrac : obus d'artillerie et de chars, cartoucherie de tous calibres, roquettes antichars, roquettes de 107 et de 122 mm, mines variées et même un missile FROG. Chaque semaine, les sapeurs s'emploient à dépolluer le dépôt. Un travail sans fin.

MARDI 9 DÉCEMBRE

Notre ministre de la Défense annonce sa visite pour vendredi prochain. Une visite brève, au grand dam des unités, enclines à présenter leur quotidien dans toute sa réalité. Arrivés hier, les gardes du corps du « Mindef » m'ont transmis le bonjour de leur chef, attaché depuis longtemps à la personne de Madame Alliot-Marie, et que je connais bien : nous étions ensemble au Prytanée militaire de La Flèche, nos routes se sont séparées en juillet 1987. Mais, un jour du printemps 2000 à Paris, alors que je rentrais d'une nuit de veille dans la « cuve » de l'état-major des armées, dans la rue Saint-Simon encombrée d'un cortège officiel, une voix familière teintée d'un accent chaleureux qui lui vient de Rodez avait récité la litanie de mon patronyme avec une application intacte, amusée, respectueuse : c'était Thierry Cazals, dont le surnom m'était revenu avant le nom.

— Thierry, tu as bonne mémoire ! On va boire un coup ?

— Pas le temps. Je suis garde du corps de Madame Alliot-Marie. Son repas se termine.

Nous nous reverrons donc vendredi prochain, loin de Paris, loin de notre cher « vieux bahut », ce magnifique collège de la Sarthe où, adolescents, nous étions pensionnaires. Qu'aurons-nous à nous raconter ? Peu importe.

Le médecin du bataillon, un sous-marinier visiblement heureux d'avoir échoué chez les terriens, m'accoste :

— Mon commandant, il faudrait que je puisse quitter le bord pour aller visiter le roi en son palais. Ai-je votre autorisation ?

Parfois, Zaher Shah se fait soigner en France. Ici, il demande fréquemment aux médecins français de confirmer les diagnostics de leurs confrères locaux.

— En avant, toute. Mais dites-moi, toubib, j'espère que vous l'appelez « sire » ?

— Bien sûr, mon commandant. Je me suis renseigné sur ces usages d'un autre monde.

— Je vous accompagne ?

Pour pénétrer dans l'enceinte du palais présidentiel, à l'intérieur duquel se situe la résidence du roi, il faut montrer patte blanche, vaincre la méfiance agressive des nombreux agents de sécurité et traverser un parc bien entretenu qui forme en pleine ville une enclave de trois hectares environ plantée de beaux arbres encore garnis de feuilles jaunies. Un corridor, deux postes de garde dont les vigiles nous ont accueillis avec déférence et nous voici, précédés par un majordome, dans l'immense hall d'entrée. En son centre, un grand bassin rectangulaire décoré d'une mosaïque de pierres bleues dessinant des motifs géométriques. Dans l'eau limpide, apaisante, un rien ridée par un léger souffle d'air, se reflétaient les couleurs pastel de la pièce et les colonnes de pierre noire et brillante. Sur la droite, dissimulé par une porte de bois épais, un grand escalier habillé de tapis conduisait à l'étage résidentiel. Des domestiques, ombres discrètes, nous ont priés d'attendre. Par une autre porte, nous entrevoyions une pièce d'apparat que j'aurais volontiers visitée. Nous étions silencieux, impressionnés.

Arrivé à pas feutrés, le secrétaire particulier du roi, avec des manières affables et dans un anglais teinté d'intonations afghanes, nous a invités à le suivre et s'est effacé quand il nous a introduits dans le salon-bibliothèque du roi d'Afghanistan.

Né en 1914, porté sur le trône à l'âge de 19 ans suite à l'assassinat de son père Nader en 1933, destitué le 27 avril 1974 par son Premier ministre et cousin Mohammed Daoud Khan, dit « le prince rouge », Zaher Shah, de retour d'exil il y a peu, malade et sans avenir politique, affichait un air sévère et renfrogné, le regard perdu dans une bruyante émission de télévision occidentale et les jambes recouvertes d'un *patou* sombre. Il nous a tendu sa main, nous l'avons salué en français, qu'il parle parfaitement. Puis, tandis que le médecin procédait à sa royale consultation et que, dehors, le soleil resplendissait, j'eus tout loisir, à l'écart, d'observer le décor, qui m'apparut assez sinistre : plafond à caissons, bibliothèque en mezzanine accessible par un escabeau apparemment mis de côté depuis longtemps, baie vitrée de carreaux translucides perchée à cinq mètres de hauteur, grande mosaïque à dominante verte sur tout un mur… Le roi, qui a vécu dans l'oubli après sa destitution, demeurait à présent dans l'ombre de ce salon mal agencé, froid et cafardeux… Même la soie patinée des tapis avait perdu ses couleurs. Considérant ces restes d'une grandeur fanée, je revoyais les ruines de la maison du roi et leur vieux gardien, là-bas, du côté de Kariz-E-Mir. Des plateaux furent apportés, l'un garni de tasses de *tchoï* sucré, l'autre de pâtisseries. Le temps de boire, nous avons conversé en français, sans beaucoup sourire. Dans la descente vers le hall, les tapis m'ont arrêté un instant. Par quelles mains anonymes des régions de Herat ou Kunduz avaient-ils été noués ? Le temps et l'histoire semblaient presque leur avoir donné une âme. Quels grands de ce monde, ou prétendus tels, les avaient foulés avant nous ? C'est alors que je fus attiré par une immense tapisserie que je n'avais pas remarquée à notre arrivée. Dans l'angle inférieur droit, une signature me confirma ce que j'avais pressenti : elle figurait une scène d'automne française due à Dom Robert, moine d'En Calcat, dans le Tarn. Le majordome m'autorisa une photo. Je n'ai pas osé photographier une seconde tapisserie du même cartonnier, plus petite, placée dans un angle de la grande entrée. Je suis reparti surpris d'avoir lu autant de lassitude dans le regard du roi Zaher Shah et déçu par son palais aux allures de prison. Ces impressions étaient-elles fondées ?

La question est restée en suspens. La ville, vivante, colorée, qui nous a happés, m'a rasséréné. Remontant la large et rectiligne avenue Massoud qui conduit à l'aéroport, nous nous sommes étonnés qu'elle ne fût pas encombrée comme à l'habitude, avant de réaliser que nous nous étions insérés dans le cortège du président Karzaï.

Mercredi 10 décembre

Rien de particulier pendant cette journée, mais grand cirque nocturne : en provenance de la vallée du Panshir et à destination du dépôt de Pol-E-Charkhi, des convois de matériels équipant les anciennes milices afghanes s'étiraient sur *Bottle*. Il s'agit de l'amorce du processus du DDR, supervisé par le Japon en liaison avec l'ONU et programmé la nuit par souci de discrétion à l'approche de la *Loya Jirga* qui doit se tenir prochainement. BMP, BTR, camions équipés de missiles FROG, pièces d'artillerie, véhicules et matériels soviétiques en panne de carburant s'égrènent le long de notre axe oriental. Les équipages de ces engins sur le retour passeront la nuit dehors (par moins cinq degrés) et nos patrouilles se prolongeront jusqu'au lever du jour.

Jeudi 11 décembre

L'escadron a passé la nuit à suivre le transit épique de ces matériels de guerre et à les dénombrer. Leur identification était un jeu d'enfant, non ce casse-tête proposé à tout apprenti militaire et consistant, en cours de renseignement, à déchiffrer des images imprécises. Les derniers engins ont quitté la zone aux aurores, après avoir été approvisionnés en carburant par des taxis de Kaboul réquisitionnés et chargés de bidons. D'autres convois passeront encore, ce soir peut-être. Ce sera la surprise.

Les prévisions météo, généralement fiables, ne sont pas favorables à notre ministre : sa visite, qui s'annonce pluvieuse, est reportée, nous disait son cabinet en fin d'après-midi. Il y a une heure, elle était à nouveau au programme. Ordre, contrordre, désordre : un grand classique. Voilà qui nous laisse la nuit pour peaufiner les préparatifs. Le plus compliqué sera la prise en charge de la suite de conseillers et journalistes.

Dans notre CO des plus rustiques, le luxe tient à des astuces qui me ravissent : un carton transformé en meuble à ranger les cartes, une planche en cloison, des emballages de munitions en joints étanches, des cordelettes tressées prolongées de bassines en drains protecteurs de nos machines électroniques quand il pleut… Me ravissent plus encore ces moments volés pour écrire, quand j'attends les derniers retours : l'activité du jour s'apaise doucement, la radio des Canadiens crachote en anglais, sur le réseau du bataillon les messages sont brefs, formatés, rassurants. M'apprêtant l'autre jour à noircir mon carnet, j'ai trouvé le CO paré de touchantes décorations de Noël, dont une guirlande multicolore et clignotante autour de la grande fenêtre mal fixée et un cadre lumineux éclairant… ma silhouette. Un coup des opérateurs.

Par la fenêtre, je vois le brouillard glacé, inquiétant, qui tombe peu à peu, puis Paris et son passage de la Visitation, et Arlanges d'où j'embrasse Clermont du regard au creux de la Limagne, et les jardins de Marqueyssac au pied desquels s'alanguit la Dordogne dans l'or d'un soir d'été. Rêves inutiles et toujours, pour les accompagner, cette musique lancinante.

Vendredi 12 décembre

La météo incertaine, l'indécision du cabinet et le retard des avions ont réduit ce vendredi à une longue attente. Sitôt descendue de l'avion, la ministre a gagné l'ambassade de France. Elle n'est revenue que pour dîner avec les

Français de PAMIR, d'ÉPIDOTE, de la BMNK et de la FIAS. Thierry Cazals n'a rien perdu de son accent de l'Aveyron. Au repas, j'ai préféré une conversation avec les deux transmetteurs de permanence, un peu surpris.

Un vent glacial chargé de nuages de sable vient par rafales cingler les vitres. Partout une poussière irritante. Forte envie de partir très loin d'ici.

SAMEDI 13 DÉCEMBRE

La ministre a pris l'avion pour le sud, vers Kandahar, où nos forces spéciales se battent aux côtés des Américains contre les talibans. Sa délégation est cependant restée à Kaboul. Dûment escortés, l'ambassadeur, les conseillers et autres « officiels » ont traversé la Chamali sans goûter, ne fût-ce qu'un peu, à la poussière, les vitres de leurs 4X4 de location étant restées désespérément relevées. La quinzaine de journalistes a, pour sa part, suivi le bataillon.

Un profond soulagement nous a pénétrés lorsqu'en milieu d'après-midi tout ce monde a décollé pour Douchanbe.

DIMANCHE 14 DÉCEMBRE

Les colis de victuailles, qui arrivent par la liaison du samedi, créent une joyeuse euphorie, accompagnée de commentaires :

« J'avais dit à ma femme de ne surtout pas m'envoyer de nourriture puisque nous avons tout ce qu'il faut. Et

voilà que ma belle-mère s'en mêle ! » Ou encore : « Des gâteaux ! Dommage qu'ils soient en miettes. » Puis les trocs vont bon train, précédés d'âpres négociations où s'établissent les cours du jour de la plaque de chocolat au lait, du pot de miel ou du sachet de fruits secs. Et c'est le souk – un souk appétissant – sur les bureaux où s'entremêlent boîtes de pâté, bouteilles de vin, confiseries variées et papiers d'emballage. « Elle aurait quand même pu joindre un mot », lance un ingrat. Éclats de rire.

Hier, les cinq capitaines de l'EMT et les trois capitaines commandants d'unité avaient tout mis en commun avant de me convier à dîner. Sur la table dressée dans la pièce attenante au CO, leurs trésors dessinaient une petite géographie gastronomique française : sauternes, monbazillac, rillettes du Mans, foie gras du Sud-Ouest, cancoillotte de Franche-Comté (pléonasme), et champagne. Nous avons bu à la santé de toutes les familles attentionnées auxquelles nous devions ce festin. La bonne humeur était générale, il y avait longtemps que je n'avais pas autant ri. Puis vint l'heure de nous séparer. Quand l'écho des dernières plaisanteries se fut évanoui dans les bâtiments, où seules les radios hoquetaient encore, je retrouvai ma solitude. Après ces moments de pure camaraderie qui m'avaient éloigné de mes espoirs les plus enfouis, elle avait un goût amer.

La réunion des commandeurs, cet après-midi, m'a apporté une satisfaction. Pour assurer le protection de la *Loya Jirga*, ouverte ce matin, la brigade a adopté le système que notre bataillon a appliqué pendant « Orages d'acier », troquant juste les mortiers de 81 mm contre des canons de 105 mm.

La hotte du père Noël

Lundi 15 décembre

Ce matin, avec le colonel Lion, j'étais invité par le chef d'ÉPIDOTE à la remise des diplômes des officiers du 13e Kandak (bataillon). Nous avons été accueillis dans un amphithéâtre de l'école militaire afghane (le *Kaboul military training centre*, KMTC), située près de Pol-E-Charkhi. Les officiers-élèves, une cinquantaine, et leurs instructeurs français patientaient. La puissante odeur de bête sauvage que dégageait l'assemblée ne parvenait pas à réchauffer la salle, glacée. Balayant celle-ci d'un regard étonné, j'aperçus le chef d'escadrons Arnaud Reboul, un camarade de promotion de Saint-Cyr (la Tom Morel) qui avait ici les fonctions d'officier adjoint du détachement d'instruction opérationnel (DIO). Nous avons bavardé avec plaisir en attendant longuement les autorités, dont le Repfrance. D'interminables discours ont suivi la prière en dari, l'une des deux langues officielles d'Afghanistan. Au beau milieu de la prise de parole d'un ministre qui marmonnait son laïus, les officiers-élèves nous ont fait sursauter en criant de concert une devise. De quoi me tirer du sommeil auquel j'aspirais mais que m'interdisaient aussi le froid et les ressorts de mon fauteuil, sans oublier, tout de même, mon statut.

À l'appel de son nom, chaque stagiaire se présentait aux autorités, recevait un document, hurlait quelques mots et retournait à sa place. La cérémonie se clôtura autour d'un verre (une boisson au goût chimique) accompagné de pâtisseries, de fruits, de raisins et de pois chiches séchés.

Il était midi et j'étais sur le point de prendre congé, lorsque Reboul me retint :

– Déjeune donc avec moi. À midi, c'est riz-poulet et, le soir, poulet-riz… Avant, je t'emmène visiter les cuisines, tu ne seras pas déçu.

C'est un bâtiment délabré qui tenait lieu, au bout d'un terrain vague, de cuisines. Ses murs chaulés, quoique d'un blanc douteux, lui donnaient presque un air avenant. Contournant poutres et ferrailles de toute nature amoncelées dans les herbes folles, deux Afghans à la mine sauvage poussaient des brouettes de chantier emplies de riz fumant. Sitôt entré, je suis sorti du temps, du moins du nôtre. Au moins dix énormes marmites chauffaient sur autant de foyers, en l'occurrence des trous percés dans une massive banquette de pierres de quatre mètres de large et de quinze de long. Dans les unes cuisait du riz, dans les autres bouillonnait de l'eau où surnageaient des cubes de graisse de mouton. Une forte odeur de rance, d'oignon et de feu de bois mêlés régnait dans ces cuisines moites et noires de crasse. À même la terre battue, un employé épluchait des patates à une vitesse ahurissante. Dans un sourire qui éclaira un peu ses yeux sombres et son visage fripé, il nous désigna du menton le tas de poulets plumés qu'il s'apprêtait à découper à la hache. La noria de brouettes continuait d'acheminer riz et viande bouillie au réfectoire, grande salle obscure, bruyante, comble et puante (la dernière lessive des tenues de combat remontait assurément à loin). Sur l'une des tables à huit places recouvertes d'une toile cirée poisseuse, dans une assiette en aluminium, nous furent servis un excellent riz, un morceau de poulet, quelques raisins secs et la moitié d'une galette de pain.

— Nous avons de la chance, me dit Reboul : pas d'asticots en vue, aujourd'hui. Hier, si : des beaux et des marrons, ce qui est préférable pour les repérer…

Mardi 16 décembre

Impossible d'échapper aux tâches administratives. En fin de mandat, elles dévorent encore plus de temps qu'à l'habitude. Il me faut rédiger rapports divers et comptes rendus de mission, motiver notations et récompenses. Car chaque officier, chaque sous-officier, chaque militaire du rang est évalué réglementairement une fois par an : travail, défauts à corriger, qualités à développer, potentiel. Mais, en opération, une notation intermédiaire portant sur la durée de la mission est attribuée. Noter, pour un chef, c'est exercer un acte de commandement qui engage sa responsabilité en même temps que l'avenir de l'intéressé. Récompenser n'est pas moins important : une belle action peut faire l'objet d'une demande de lettre de félicitation, de témoignage de satisfaction, voire de décoration.

Vers midi, Paris nous a fait parvenir le « tableau » des officiers, autrement dit la liste des heureux qui prendront du galon en 2004. J'ai l'honneur d'en être, avec Bruno, mon frère aîné... et mon ancien à Saint-Cyr.

Jeudi 18 décembre

Il est 20h30. Les événements de la journée m'ont conduit, avec l'accord du Repfrance, à déployer une section autour de ruines dont certains souterrains contiennent des munitions. Avant de fouiller cette cache demain au lever du jour, je veux m'assurer qu'elle n'aura pas été préalablement visitée. Elle est située dans le fief d'un chef de clan de mauvaise renommée, à l'ouest du secteur. Rouxelin et le radio, VBL paré, m'attendent. Nous partons rejoindre la section et les mortiers qui sont déjà en place. Une heure de route dans la nuit, le brouillard de plus en plus épais et le froid mordant. Cette opération portera le nom de « La hotte du père Noël », a décrété Boudet.

Vendredi 19 décembre

Après cette nuit glaciale et sans repos, puis l'intense journée qui a suivi, le sommeil me prend avant que je puisse écrire le moindre mot. Ce matin, nous avons récupéré 936 obus de mortier. Une autre opération presque simultanée a permis de saisir trois roquettes de 122 mm (leur diamètre) qui mesurent environ trois mètres chacune. Excellente exploitation du renseignement, coopération exemplaire entre l'escadron, l'infanterie et le génie : de la belle ouvrage interarmes, que je raconterai demain.

Samedi 20 décembre

Jeudi, sur la foi d'un renseignement lâché par les alliés, nous avons rapidement monté « La hotte du père Noël ». Dès la fin de l'après-midi, j'avais donc envoyé l'infanterie surveiller une cache de munitions découverte à Fatekeyl par l'escadron. La patrouille ayant été repérée, je voulais m'assurer, avant de lancer la fouille qui prendrait une bonne journée, que personne ne fût entre-temps venu piéger la cache ou évacuer son contenu. C'est vers 20h30 que j'ai rejoint la section renforcée déployée autour d'elle. À l'amorce du trajet, Kaboul-nord, dans le noir et sous la brume, nous fit l'effet d'une ville morte. Aucune lumière, pas d'éclairage public dans les rues désertes, juste le halo hésitant des rares véhicules que nous croisions, du moins quand ils étaient équipés de feux. Les silhouettes emmitouflées de couvertures, dans la lumière crue des phares de notre blindé, paraissaient des ombres fuyantes. Les maisons de terre sombre avaient englouti la foule compacte du jour.

La nuit se fit parfaitement claire, sitôt que nous eûmes quitté les miasmes de la ville. Sur *Horseshoe*, une patrouille attendait au point de rendez-vous. Un bref échange de codes lumineux pour nous identifier et, sans même un arrêt, nous avons suivi l'escorte sur les pistes étroites qui s'enfoncent vers l'ouest. Direction Fatekeyl, le fief d'un personnage insaisissable et réputé dangereux. De lui, nous ne savions à vrai dire pas grand-chose. Il disposerait d'une retraite sûre au Pakistan et reviendrait régulièrement par ici, où la seule évocation de son nom ferait frémir. Il serait impliqué dans de nombreux trafics criminels, aurait partie liée avec les talibans.

En lisière d'une zone plane et déserte, au terme d'un parcours compliqué qui empruntait des chemins bordés de hauts murs, nous avons enfin vu se dessiner les frêles silhouettes des tubes de mortier et du trépied du télémètre, flanqués de caisses d'obus. L'adjudant, chef de section, est venu à ma rencontre. Ensemble, nous avons fait le tour de son dispositif en nous assurant que chaque tirailleur connaissait bien les consignes. Un café brûlant et sucré près du VAB, un regard dans les jumelles à intensification de lumière, quelques mots encore à voix étouffée, et ce fut tout. Il était 23 heures. Rouxelin et le radio m'avaient muni d'un morceau de pain et de saucisson. Un délice, ce repas frugal dans la nuit immense. Si je pouvais nous situer sur la carte, j'avais du mal à me faire une idée précise du terrain et de l'environnement immédiat. Dans les appareils de vision nocturne, j'avais juste observé que nous nous trouvions sur un découvert bordé de buissons, non loin du village et de la rivière. Près du VBL, je me suis allongé à même le sol dans un mauvais duvet recouvert d'une couverture achetée dimanche dernier sur le marché et empestant encore le suint. Je me suis perdu dans le firmament. J'avais sommeil, bien sûr. Mais le froid qui mordait et la magie du ciel maintenaient mes yeux grands ouverts. Je me rappelle n'avoir alors rien souhaité d'autre que d'être là. Ni Paris et ses fastes à l'approche de Noël, ni le confort d'un bon lit propre et douillet, ni même une douce soirée autour de la cheminée dans la maison auvergnate ne m'attiraient. J'étais tout à ces instants, que je savais, une fois encore, uniques. Le visage offert au vent glacial qui descendait de la montagne, j'étais contemplatif. J'écoutais le silence. J'entendais le ronronnement de la caméra thermique, la toux sourde d'un tirailleur qui cherchait le sommeil, le passage des sentinelles pendant leur ronde. Le chuintement intermittent de la radio me rappelait que, là-bas, au sud, dans Kaboul endormi, un transmetteur veillait dans le CO. Jamais je n'avais eu aussi froid avec tant de joie. Ce fut le chant du muezzin d'un village voisin qui, le premier, marqua la fin de cette nuit par moins dix degrés. Les masses sombres des montagnes se sont petit à petit découpées, avant qu'un timide soleil n'en caresse les sommets enneigés. Une belle journée s'annonçait, pleine de promesses.

Au petit jour, abandonnant le dispositif resserré qu'elle avait adopté pour la nuit, la section a établi un cordon de sécurité autour de la cache. Venant de Kaboul, les sapeurs, les NEDEX et le VAB sanitaire nous ont rejoints à l'heure dite. Les unités toutes bien en place, le travail pouvait commencer.

Occupée par des Saoudiens venus se battre aux côtés des talibans contre l'Alliance du Nord de Massoud lors de son offensive vers Kaboul, la ruine visée se détachait sur un abrupt dominant d'une vingtaine de mètres un oued où coulait un filet d'eau pure. Belle position de combat. Adossée à un obstacle naturel, elle offrait une vue imprenable sur un vaste découvert. Bien armé, l'on pouvait d'ici barrer le chemin de Kaboul à des troupes venant du nord. D'aucuns avaient dû s'y employer en des temps pas si lointains, ainsi qu'en attestaient des tranchées presque intactes. De nombreuses cheminées d'aération signalaient un vaste réseau souterrain et une occupation ancienne. Au-delà, un petit plateau fertile était parcouru de canaux d'irrigation bien entretenus qui délimitaient une multitude de parcelles.

Une galerie qui s'enfonçait dans le talus conduisait à une première cave, où étaient proprement entreposés trois cents obus de mortier de 82 mm de fabrication occidentale, encore protégés par leur cocon de carton noir. De là partait un autre boyau rempli d'obus et obstrué par un éboulis. Une troisième galerie était, elle aussi, jonchée de munitions. Les sapeurs, un peu impressionnés, ont formé une chaîne dans le noir pour évacuer les obus. Puis un sous-officier entreprit d'aller inspecter la galerie située au-delà de l'éboulis. Nous l'avons vu disparaître en se contorsionnant dans les entrailles de cette terre oppressante. Au fur et à mesure de sa progression, il nous décrivait ce qu'il voyait : les galeries, leur direction, leurs différents niveaux, les puits d'aération. Mais sa voix est devenue très lointaine

et bientôt inaudible, étouffée par la masse de terre qui nous séparait. Nous n'entendions alors plus que ses pas qui raclaient le sol. Soudain, ce fut le silence complet. Il devait nous revenir sain et sauf. En surface, les choses se gâtaient un peu. Des curieux s'étaient regroupés, une centaine d'hommes et d'enfants que les tirailleurs ont maintenus à distance et dont l'attention a été détournée par un combat de chiens survenu fort à propos. J'ai autorisé la destruction dans le souterrain des munitions intransportables parce que déjà percutées. L'opération « La hotte du père Noël » sera définitivement achevée lorsque tous les obus, placés en lieu sûr, auront été détruits.

En ce samedi soir, je sais des endroits sans caches de munitions, ni roquettes qu'on détourne avant livraison, ni rien qui laisse penser que le monde est violent. Mais j'ai tellement sommeil que je n'ai même plus la force d'imaginer comme il fera bon les retrouver bientôt. Et si vivre pleinement ces moments était tout simplement un moyen de fuir la réalité de la vie ?

Dimanche 21 décembre

À peine s'il me reste des souvenirs précis de dimanche dernier, tant les jours se sont enchaînés sans que rien ne les retienne. C'est bon signe. Demain commence la semaine de Noël. Elle ne sera pas plus calme que les précédentes.

Un Noël à Kaboul

LUNDI 22 DÉCEMBRE

Joyeuse soirée crêpes à l'invitation des conducteurs et radios bretons, ainsi que du Repfrance, breton lui aussi. Des crêpes à Kaboul, qui l'eût cru ?

Pour préparer Noël, le Caïd a souhaité que le bataillon organise un tournoi de sport, un concours de crèches et d'autres activités propres à maintenir le moral de chacun en cette période souvent un peu difficile pour qui n'a pas la chance de la vivre en famille. Les épreuves sportives ont commencé dans un esprit bon enfant qui laisse augurer une belle semaine.

Visite surprise, ce matin, de quatre individus d'Outre-Atlantique qui ont demandé à me rencontrer. J'ai vite saisi que nous leur devions les renseignements grâce auxquels nous avons mis la main sur les obus de Fatekeyl, la semaine dernière. Je les ai remerciés. Après s'être montrés tout aussi contents que nous du succès de notre opération, ils m'ont proposé les coordonnées d'une nouvelle cache, semble-t-il plus riche mais plus difficile d'accès. « *Why not* », leur ai-je dit. Mais pourquoi s'adressent-ils à nous ? Pour nous tester, pour nous faire prendre les risques ? Faute de moyens ? Ou, plus simplement, parce que cette seconde cache se trouve dans notre zone ? Il neige.

Mardi 23 décembre

Les tournois sportifs de Noël se sont poursuivis. Ce matin, marathon. En relais : quarante-deux fois le tour de notre enceinte, long de 1.500 mètres ; vingt-et-un coureurs par unité qui devaient chacun courir deux fois. Épuisant, surtout le second tour. On n'a plus vingt ans.

Dans l'après-midi, j'étais prié chez le général afghan Salangui, commandant la garnison de Kaboul. La FIAS voulait une opération conjointe de la police afghane et du bataillon. Objectif : fouiller le village de Tarakeyl, d'où partent régulièrement les roquettes qui tombent sur la ville. Un officier de liaison avait soi-disant tout organisé. Mais, en présence du général, j'ai réalisé, avec l'aide de mon interprète, que ni lui ni moi ne savions ce qu'on attendait de nous. La confusion a régné tout l'après-midi entre les Afghans, la FIAS, la brigade et le Batfra. Devant tant d'improvisation, je finis, avec le soutien de mon chef, par refuser de participer à l'opération. Quelqu'un cherchait-il à se faire mousser sur le dos du bataillon ?

Mercredi 24 décembre

14h00. Toute la matinée, je me suis pris de bec avec un colonel de l'état-major de la FIAS que nos réticences mécontentent. Il en va souvent ainsi avec ceux qui n'exercent pas de responsabilité de commandement : tout leur est facile. La fameuse opération de Tarakeyl a eu lieu. Sans le bataillon, ou presque : j'ai envoyé un capitaine au PC afghan et mis deux sections en alerte. Le général Devlin s'est dit satisfait et nous a remerciés d'avoir coopéré avec les forces afghanes.

19h30. La messe est dite. Plus de cent soldats l'ont suivie, très recueillis, dans une grande salle transformée en chapelle pour la circonstance. Un jeune lieutenant avait formé une chorale avec des membres de sa section. Nous sommes d'un coup entrés dans le temps de la Nativité et son atmosphère si particulière. À la fin de la messe, nous nous sommes souhaité dans la simplicité un joyeux Noël. Les regards étaient francs, certaines voix, vacillantes : ceux que nous aimons étaient loin.

Minuit. Chaque unité a organisé un pot, suivi d'un bon dîner. Les capitaines ont offert à leurs subordonnés un cadeau de l'armée de terre et celui du régiment. Le plus beau cadeau fut sans conteste cette enveloppe que chacun de nous, gradé ou non, a reçue d'un écolier de France par l'entremise de l'association Défense-Solidarité. Dans l'enveloppe, un dessin, et, dans l'œil des jeunes comme des anciens, des célibataires comme des pères de famille, de l'émotion. Une émotion sans doute aiguë et douloureuse chez ces derniers, avec laquelle, fort de « mon » dessin composé par une petite fille inconnue de Bordeaux, je communiais. Mon admiration pour tous les pères a grandi encore.

Dans sa tournée du soir de Noël, le Repfrance est venu rendre visite aux radios de permanence. Il a trouvé à leurs côtés tous les officiers, qui l'attendaient avec une coupe de champagne.

Jeudi 25 décembre. Noël

Ce matin, passage rituel au CO. J'étais curieux de savoir si les explosions de la nuit avaient été identifiées et localisées. Peut-être le « joyeux Noël » d'un taleb ? Puis messe, dite en flamand par l'aumônier catholique de la compagnie belge. C'était triste, désordonné. Tant pis : la foi est affaire intime... J'ai consacré une partie de l'après-midi à visiter les crèches de chacun des pelotons et sections. L'une, modelée en terre de la Chamali, était animée de petites lumières qui variaient en fonction du texte lu. Une autre avait été construite par des mécaniciens incroyants qui, dissimulés derrière un drap, entonnaient un chant de Noël composé par leur lieutenant... De nouveau l'émotion m'envahissait. Ce Noël en terre musulmane, au milieu de soldats aux airs rudes mais au cœur tendre, me ramollissait l'âme, décidément. Il transforme les regards, il y dépose une étrange profondeur. Aucun des Noëls vécus jusqu'ici en service, à Nouméa, à Kourou, dans mes différents régiments ou dans la cuve du boulevard Saint-Germain, ne m'avait ainsi chamboulé.

Des voix, très lointaines, au téléphone. C'était mieux de raccrocher. Ce bataillon aura été une belle famille pendant quatre mois. J'appréhende le retour. D'Auvergne, j'ai reçu il y a quelques jours un colis. Il avait le parfum des Noëls en famille, un parfum d'enfance, lointain comme les voix de tout à l'heure. Il fait froid dehors, en moi aussi.

Vendredi 26 décembre

Dans le village en partie ruiné de Shaykhu, tout au nord de la zone française, le bataillon a effectué une douzième mission d'aide médicale gratuite, certainement la dernière de notre mandat. Lors des affrontements entre l'Alliance du Nord et les talibans, ceux-ci avaient établi une petite base logistique dans cette localité (la ligne de front se situait quelques kilomètres plus au nord, à la limite du col qui domine la plaine de Bagram). La mission visait parallèlement à sonder Shaykhu, où l'on sent plus de résistance qu'ailleurs. Nous n'avons rien appris de plus, comme nous nous y attendions. Les excellents dossiers que PAMIR 4 et le colonel Nuyttens nous avaient transmis sur les villages pointaient déjà l'opacité de celui-ci, ainsi d'ailleurs que de Zemmah.

Dans une baraque au sol de terre battue et aux fenêtres sans vitres, la population venue consulter le médecin apparaissait presque hostile. Les parents écartaient les enfants qui se laissaient photographier, leurs attitudes manquaient de naturel, les visages restaient fermés, quand ils n'arboraient pas des marques de consanguinité. On eût dit qu'une menace pesait sur quiconque s'enhardirait à parler. Résultat de cette AMG : nul. Les malades resteront malades puisqu'ils ne seront pas suivis. Et les secrets resteront des secrets.

Nous ne sommes que de passage, nous ne pouvons prétendre changer ce monde auquel nous sommes trop étrangers. Ces mois passés ici nous ont-ils révélé un peu

de ce pays et de ses habitants ? Et dans quelle mesure nos actions sont-elles réussies ? Une mesure dérisoire, je le crains. L'heure approche où il nous faudra en convenir et nous dépouiller de tout orgueil.

Samedi 27 décembre

Je voulais que les sections et pelotons, sans s'affranchir des règles de sécurité, effectuent un parcours de tir comme jamais l'occasion ne s'en présenterait à eux, du moins en France. J'avais confié le dossier à Garnier. Ce soir, l'objectif est atteint. Les sapeurs de Caudéran ont détruit des réseaux de barbelés à coup de charges explosives allongées pour permettre aux cavaliers de s'engouffrer dans la brèche ainsi créée. L'escadron de Metzinger a « jalonné » un ennemi à coups de missiles antichars tirés sur d'authentiques carcasses de chars T-55 et de BMP soviétiques. Mougeot et ses tirailleurs ont effectué un « coup d'arrêt » en utilisant toutes les armes de la compagnie. Cette nuit sont programmés des tirs de missiles sous éclairement d'obus de mortiers et des tirs d'infanterie avec les intensificateurs de lumière. Demain nous recommencerons. Mais gare : coordonner les tirs de son groupe de combat ou de sa section d'infanterie ne s'improvise pas.

DIMANCHE 28 DÉCEMBRE

Difficile de me concentrer sur ce que j'écris : ceux qui m'entourent ne cessent de rigoler, ironisent gentiment sur tel ou tel, me prennent à témoin. L'humour ne vole peut-être pas toujours très haut, mais je sais que l'ambiance joyeuse et détendue qu'a continûment créée cette équipe soudée figurera parmi les souvenirs les plus forts que je garderai de Kaboul.

Dès le lever du soleil, nous avons repris les parcours de tir. L'air était vif, le matin, pâle. Je ne pouvais m'empêcher de regarder le paysage avec les yeux de celui qui bientôt va partir. Les missiles tirés, j'ai rejoint sans transition le PC de la brigade pour la réunion habituelle du dimanche. Aussi terreux qu'un sapeur, le visage brûlé par le soleil et le froid, ivre de grand air, j'ai dû lutter pour rester éveillé pendant l'heure et demie passée dans la petite salle aussi surchauffée que surpeuplée. Derrière moi, comme à son habitude, Césari, hilare, m'éperonnait le dos.

Dans la soirée, une puissante détonation a secoué le bâtiment. Depuis la terrasse du CO, on apercevait une fumée noire. Une voiture venait de sauter à trois cents mètres d'ici. Autour de la carcasse, des bras, des jambes, des débris sanglants, des cris, des morts aussi. Selon les policiers, il s'agirait d'un « terroriste » qui, se sentant pris, a préféré se faire exploser. Quelle était sa cible ? La FIAS ? KaIA ? Cela m'a rappelé « Octobre rouge », en novembre, et confirmé les craintes que nous avions alors. Seraient morts, en vérité, ceux qui tentaient d'arrêter le suspect.

Bouskachi

LUNDI 29 DÉCEMBRE

Un calme délicieux et apaisant, ce matin, au nord de la Chamali, après la tension des deux dernières journées. Des troupeaux de moutons cheminaient en paissant dans la rocaille de la plaine, traversaient la route avec lenteur, se dispersaient dans la montagne sous l'œil sombre de leurs bergers au teint noir, pieds nus ou presque malgré le froid, seulement enveloppés de leur *patou*. Soudain, un ballet d'hélicoptères, impressionnant de bruit, de puissance et de précision, a bouleversé le ciel. Le calme et la solitude revenus, plus complets encore, j'ai consenti à repartir vers Kaboul, avec lenteur. J'ai demandé à Rouxelin de s'arrêter à Miràn, où *Bottle*, à hauteur d'une petite ruine, emprunte un pont au tablier incertain pour enjamber un canal d'irrigation toujours en eau, même l'été. Une sorte d'oasis où il est rare de ne pas trouver un peu de monde, en particulier à l'heure de la prière qui voit les conducteurs de bus, leurs passagers et les camionneurs débarquer des véhicules pour venir se prosterner au frais. Aujourd'hui, six routiers faisaient une pause, accroupis au soleil en contrebas de la chaussée. Occupés à préparer le *tchoï* dans une bouilloire au cul noirci, ils nous invitèrent par des signes amicaux à les

rejoindre. Après les *salâm* et poignées de mains d'usage, la conversation, traduite par l'un d'eux qui maniait un anglais approximatif, s'engagea autour d'un verre poisseux et de gâteaux imbibés d'huile froide. Elle roula un peu sur leur famille et la maison que l'interprète improvisé construisait par lui-même, également sur les taxes illégales qu'on leur réclamait au détour des routes, avant tout sur leurs camions poussifs, dont ils ne manquaient pas de remplir le radiateur d'eau fraîche à la faveur de leurs haltes ici. Ils étaient chaleureux, ces hommes crasseux et sans trop d'avenir. Et cette franchise dans le sourire de l'Afghan sans âge qui traduisait… Une rencontre vraie.

MARDI 30 DÉCEMBRE

La journée a commencé bien avant l'aurore pour que « La hotte du père Noël 2 » soit en place dès le lever du jour. Ces ruines-là n'ont pas livré leur secret. Les entrées des souterrains étaient-elles habilement dissimulées ou simplement masquées par les nombreux éboulis issus d'une grande maison détruite par des bombardements ? Je donnai l'ordre de démonter l'opération, lorsqu'un VBL s'est retourné sur une piste en dévers et verglacée. Le chef de bord a souffert : fracture ouverte de la jambe avec déplacement. Les autres passagers ont réussi à s'éjecter à temps ou à s'abriter dans la caisse. L'équipage du véhicule qui suivait a pu soulever assez le VBL pour extraire leur camarade que la tourelle écrasait. Tandis que le médecin prodiguait les secours d'urgence, les sapeurs vérifiaient que la zone où se poseraient les hélicoptères, déjà sécurisée et balisée par l'infanterie, était exempte de mines. Les deux appareils allemands n'ont mis que quarante-cinq minutes pour arriver, et le blessé, mal en point, a été évacué. Des nuées d'enfants et d'hommes de tous âges, envahissants et parfois menaçants, avaient accouru, comme à un spectacle. Le véhicule accidenté, une fois redressé sur ses roues, a été remorqué jusqu'à KaIA. Entre l'accident et notre départ de la zone, six longues heures s'étaient écoulées.

Au retour, sur *Horseshoe*, je songeais que les responsabilités étaient pesantes lorsqu'elles engagent la vie. Pourtant, je suis satisfait de cette journée. Nous sommes certes rentrés bredouilles, mais la fouille a été correctement effectuée. Puis, sitôt après l'accident, laissant chacun faire selon ses responsabilités et ses compétences, je n'ai eu qu'à coordonner les opérations et à m'abstenir d'ajouter toute pression, ce qui eût un peu plus tendu la situation et assombri les humeurs. Un « bon » chef répond-il à des critères bien établis ? C'est peut-être davantage affaire de personnalité. Pour ma part, j'essaie de résister à la tentation de me porter au cœur de l'action, donc de rester à ma place pour conserver une vision d'ensemble ainsi que ma faculté de jugement, et de laisser faire ceux qui savent, doivent et peuvent.

Pris sous un feu roulant de demandes d'explications, les capitaines qui sont restés au CO sont presque aussi fatigués que nous.

Dernier jour de l'année, demain. Personne n'y prête attention. Il y a de quoi faire, j'aime ça.

Mercredi 31 décembre

Mougeot insistait depuis des jours pour que je l'accompagne chez le *malek* de Paymonar, un village blotti à flanc de montagne, qui nous priait à déjeuner. Impossible de refuser, et cela nous faisait plaisir, tant au capitaine qu'à moi, qui étais heureux à la perspective de cette rencontre avec un notable dans sa maison. À hauteur de Pompelle, nous avons bifurqué vers le nord par des pistes défoncées et sommes parvenus derrière la petite chaîne de montagnes qui sépare Kaboul de la Chamali. Le vent froid chassait de très beaux nuages dans un ciel limpide. Peau parcheminée, barbe blanche, turban sur la tête, regard noir et bon, le *malek*, qui nous attendait devant sa vaste demeure ceinturée d'une haute muraille, nous a gratifiés de formules de politesse en rien conventionnelles, d'après Farouk, notre interprète. Il lui semblait naturel d'ouvrir sa maison à des étrangers venus soutenir le retour de la sécurité dans son pays. Nous avons franchi le porche pour entrer dans une avant-cour. Dans cet intérieur à l'abri du vent, chaleureux malgré la température assez basse, je me suis aussitôt senti en confiance. Cela tenait bien sûr à la sincérité de l'accueil reçu mais aussi à la saine atmosphère qui, je ne saurais dire pourquoi, émanait de ces murs. En haut d'un escalier construit de terre battue et de rondins, nous avons été invités à entrer dans une salle rectangulaire, glaciale et lumineuse, seulement meublée de paillasses au pied des murs bleu pâle et nus, ainsi que de quelques coussins en guise de dossiers. Nous nous sommes assis en tailleur et la conversation a repris, rythmée par les traductions de Farouk. Se joignirent alors à nous deux frères, un neveu et un cousin du *malek*, qui, en nous entourant de cette assistance nombreuse, entendait manifestement nous honorer. Un garçon d'une dizaine d'années est entré avec un bassin de tôle argentée dans une main, une cruche du même métal à l'élégant col de cygne dans l'autre, et il nous a versé de l'eau tiède sur les mains puis tendu une serviette, j'ai songé aux usages similaires des moines de nos abbayes bénédictines lorsqu'ils accueillent un hôte dans leur réfectoire.

Un autre petit-fils de la maison a déroulé à même le sol une grande toile cirée sur laquelle ont été disposés de larges galettes de pain souples et dorées, du riz agrémenté de raisins secs très sucrés, d'amandes et de carottes confites, du poulet cuit au bouillon (sans ces terribles cubes de graisse de mouton), des légumes frais, des boulettes de viande et des piments. Comble de l'hospitalité, le *malek* nous fit donner des couverts, riant de ce que nous ne mangions pas avec nos doigts comme les Afghans en ont coutume. Au dessert, on nous offrit des oranges pelées joliment présentées dans leur écorce en forme d'étoile. Nous étions loin du réfectoire de KMTC... Les Afghans, qui veillaient à ce que nous ne manquions de rien et s'amusaient de nos modestes appétits, se sont excusés de la simplicité du repas. L'essentiel, disaient-ils, était l'amitié partagée.

Un petit-neveu du *malek* est venu rejoindre son père. Il avait moins de trois ans et déjà l'assurance d'un grand lorsqu'il mangeait son riz. Surtout, chacun de nous, les invités, a perçu dans son regard une étonnante gravité.

Farouk était heureux de ces moments qu'il savait uniques pour moi, je lui étais reconnaissant de ses traductions faites avec joie et chaleur. Nous avons parlé de l'avenir de l'Afghanistan, de son passé aussi, de l'école, des paysans, des préoccupations de la population, des mines, de l'eau et des récoltes, de Kaboul. L'un rêvait tout haut et si fort de la France que ses yeux se brouillèrent. Lorsque nos airs attendris lui firent reprendre ses esprits, il se mit à rire de bon cœur, et tous avec lui. Un autre, instituteur, disait ce qui manquait dans son école. Un troisième parlait politique, évoquant le blocage de la *Loya Jirga* par quelques islamistes de l'ancienne Alliance du Nord. Quant au *malek*, il se tenait silencieusement en retrait de ces conversations superficielles. Puis vint le moment de prendre congé :

— Tant qu'il y aura des sages comme toi, *malek*, il y aura de l'espoir pour ton pays.

— Tu sais, monsieur le commandant des Français, il y en a beaucoup comme moi. Seuls quelques-uns mettent le pays à genoux.

— Alors il y a beaucoup d'espoir.

Adieu, Paymonar.

JEUDI 1ER JANVIER 2004

Avec un peu d'avance sur la France, l'année 2003 s'est doucement éteinte ici. RAS, sinon ce peu de neige et de brouillard pour accueillir la page blanche de 2004. Hier soir, pour le plaisir et le plus grand étonnement de nos alliés, le

Caïd avait souhaité rassembler sur la piste de l'aéroport tous les militaires français de Kaboul autour d'une prise d'armes nocturne, suivie d'un défilé. C'était sobre, émouvant. À l'issue du dîner, j'ai accompagné le colonel Lion dans sa visite aux unités pour leur souhaiter la bonne année.

Dans la matinée, les officiers ont présenté leurs vœux au Repfrance. À cette occasion, le chef d'état-major a dressé un bilan sommaire des actions du bataillon. Je n'avais pas réalisé que nous avions tant fait. Son mot était sans emphase, simple, juste, un truc de vieux soldat qu'on respecte et qu'on a plaisir à écouter. Puis vœux des sous-officiers et déjeuner, lors duquel chacun a pu goûter un peu de caviar en provenance du Tadjikistan. Après-midi consacré à rédiger, à faire signer des notations, à présider des réunions. J'aurais préféré prendre l'air. Il ne me reste plus beaucoup de temps pour arpenter encore ce qui aura été mon éphémère domaine.

VENDREDI 2 JANVIER

Dites Afghanistan et l'on vous répondra Soviétiques, tours jumelles en flammes à New York, femmes en burqa, bouddhas de Bamian dynamités par les talibans en 2001, commandant Massoud, champs de pavots, drogue… Peut-être aussi, voire d'abord, *Les Cavaliers*, de Joseph Kessel. À ma grande honte, je n'ai jamais lu ce livre. J'aurais dû, surtout quand j'ai su que je viendrais à Kaboul : je me serais mieux pénétré encore de ce que j'ai vu cet après-midi.

Après que mes sapeurs eurent achevé une manœuvre héliportée, plus rien ne me retenant au CO, je suis parti pour le stade de Kaboul : je voulais voir un *bouskachi.*

Deux équipes d'une vingtaine de cavaliers chacune s'affrontent sur un terrain de la surface d'un grand stade. Dans un cercle de deux mètres de diamètre environ, tracé à la chaux sur le sol, gît un demi-cadavre de chèvre ou de mouton sanguinolent, abattu quelques heures plus tôt. La règle est simple. Il faut se saisir de ce bout de carcasse et revenir l'y redéposer après avoir galopé jusqu'à l'extrémité opposée du stade et être passé derrière un fanion. Quand un cavalier parvient à s'emparer du cadavre, son équipe s'emploie à le protéger des adversaires dans sa course vers le fanion puis dans son retour vers le cercle. La carcasse, qui pèse quelque 20 kilos, tombe-t-elle à terre ? Il faut la ramasser et repasser derrière le fanion. C'est brutal, étonnant, sauvage, sidérant de violence canalisée.

Nous nous trouvions au bord de la tribune officielle, non loin d'un vieil homme qui ne cessait de vociférer pour soulever dans la foule exclusivement masculine un mouvement de sympathie en faveur de ses favoris. Pour sa part, le ministre de la Défense, présent, encourageait l'équipe du Panshir qui affrontait celle de Kaboul. Enveloppés dans leur *patou*, des centaines de spectateurs, jeunes ou vieux, riches ou non, grondaient de plaisir et de passion le plus souvent contenus, un peu comme les Clermontois (et quelques Clermontoises) assistant à un match de rugby dans les gradins abrupts du stade Marcel-Michelin.

Placés à une dizaine de mètres du cercle, nous ne manquions rien des luttes sauvages et brutales auxquelles les cavaliers prenaient un visible contentement. Le combat, car c'en est un, commence autour de la carcasse. Qui s'essaie à la ramasser, cramponné au flanc de son étalon, s'expose à des coups de fouet, de jambes et de sabots, à l'écrasement. Dès qu'il y parvient, il se rue, fouet dans les dents, vers le fanion, maintenant fermement la carcasse entre sa jambe et le cheval, rétablissant son équilibre en se penchant du côté opposé. Des adversaires le poursuivent, le rattrapent et tentent de lui arracher sa proie en s'y agrippant à deux mains. La course est effrénée pour ce petit groupe, tandis qu'à proximité du cercle se jaugent, féroces, le gros de la troupe des défenseurs et opposants.

La carcasse approche dans un effrayant roulement de sabots, et une lutte sans pitié s'engage. Pour se tailler un chemin, les cavaliers cabrent leurs chevaux puis les laissent retomber sur la masse des équipiers qui s'empoignent et se frappent, parfois même à coups de poings. Écumants, essoufflés, pressés de toutes parts, les flancs meurtris, les chevaux ne hennissent plus, ils râlent, comme à l'agonie. De cette mêlée de plus de trente combattants se dégage une puissante odeur de bête sauvage, de sueurs animales et humaines mêlées, de cuir humide. Le souffle des animaux et la poussière se brassent, les vêtements se déchirent, les coiffures volent, le cadavre à deux pattes est tiraillé dans tous les sens, inerte, sombre du sang coagulé mêlé au sable de l'arêne. La bataille ne faiblit pas, les chevaux souffrent, la gueule grande ouverte, baveuse, cisaillée. Dans leurs yeux injectés on lit la terreur et l'envie d'en sortir vivant, sur leurs flancs ou sur le dos des cavaliers on entend le claquement sec des fouets courts. Quand enfin le cadavre tombe au milieu du cercle, dont la ruée a effacé le contour, s'établit un grand calme que ponctuent les applaudissements. L'auteur de l'exploit passe au trot devant le public et saisit au passage les billets qu'on lui tend en récompense de sa bravoure. Mais voilà que, déjà, la lutte reprend, avec les mêmes cris, les mêmes courses, la même sauvagerie...

Les cavaliers étaient de tous âges, de toutes corpulences, de toutes conditions. En plein combat, l'un d'eux, notable assurément, s'en est venu jusqu'aux tribunes, superbe de fierté et de mépris dans ses vêtements de peau cousus de fil grossier, pour prendre une communication en attente sur le téléphone portable qu'on lui tendait. Il a expédié cette discussion urgente pour retourner, tête baissée, dans la mêlée qui s'était formée en son absence : pendant la bataille, les affaires continuent... À la pause, observée au bout d'une heure de bagarre, les visages, vite, redevenaient paisibles. Je restais quant à moi transporté dans une Asie centrale mythique, au cœur des steppes immenses que je ne foulerai sans doute jamais. Expression d'une liberté sauvage et de la lutte pour la conserver, ce *bouskachi* sur fond de grues de chantiers et d'immeubles de béton disait ce pays difficile à vivre, à saisir, à pénétrer : autre.

Samedi 3 janvier

De retour en France, perdrai-je la trace des visages emportés dans mes souvenirs ? Je sais quels seront mes regrets. Mais, pour une fois, je crois qu'ils me sembleront légers. Combien de temps me faudra-t-il pour m'acclimater ?

Dimanche 4 janvier

Au tintement trop bref, trop discret de la cloche, je me suis rendu à la messe de l'Épiphanie dans la nouvelle petite chapelle lambrissée de bois et chaleureuse. Le temps, suspendu, de son écho, je voyageais, l'âme en paix, dans l'enfance, un passé étonnamment présent. Bientôt je retrouverai l'humble bonheur de l'angélus qui sonne au clocher d'une église de campagne.

Noël, la crèche, les vœux du Nouvel an, tout cela s'éloigne. Je regarde la piste de cet aéroport qui nous relie au reste du monde. Gris, l'asphalte, gris, le ciel. Des avions décollent. Pour aller où ? Dans deux semaines, ce sera mon tour, je fermerai la porte sur cette belle mission qu'un autre aura reprise. Je ne pense plus à grand-chose, je sens les sournois courants d'air froid glisser au ras du sol. Un mauvais lit m'attend dans une chambre poussiéreuse. L'oiseau crevé dans les conduits d'aération n'en finit pas de pourrir, cette odeur m'écœure.

Démontage

LUNDI 5 JANVIER

Il a neigé la nuit dernière, pour couronner une mauvaise soirée. Nous étions invités aux vœux à l'ambassade de France, le Repfrance avait insisté pour que je l'accompagne. Étrangement éprouvante, cette soirée, que je ne regrette pourtant pas. Des militaires en déficit de mondanités, en quête de respectabilité. Des civils dont on comprend mal ce qu'ils font à Kaboul malgré leurs explications. Les inévitables pique-assiettes de tous poils. Des jeunes des organisations non gouvernementales, filles et garçons, quelques-uns débraillés, un peu perdus, d'autres sympathiques, sûrement. Je n'avais rien à dire à personne et dormais debout, incapable de faire bonne figure. Un Afghan, formé jadis à Moscou, a tenté de me raconter dans un français ébréché que son patron se mettait de l'argent plein les poches. Quand il se mit à évoquer sa participation au coup d'État de Taraki et d'Amine (les communistes ayant renversé Daoud Khan, qui lui-même avait destitué Zaher Shah en 1974), j'ai prêté l'oreille mais fus déçu : à peine avais-je mentionné les horreurs de la prison de Pol-E-Gôn, que l'Afghan récita une leçon trop formatée, achevant de me donner le cafard pour la soirée qui n'en était qu'à ses débuts.

Dehors, il faisait une nuit humide et glaciale. Dedans, ça puait la fumée de cigarette. À l'entrée de cette grande salle vitrée aux formes imprécises, au mobilier des années Pompidou, collé à un radiateur, agréable compagnon qui me réchauffait sans me parler, j'observais. Une fille vulgaire, mal coiffée, mal vêtue, qui se donnait des airs. Un type en savates, pas rasé, pétard au bec, œil torve, voûté déjà malgré son jeune âge. À l'écart, deux conseillers de l'ambassade en train de rigoler. L'ambassadeur est arrivé avec une heure trente de retard, il avait tenu à assister aux conclusions de la *Loya Girga*. Discours de circonstance. Toujours contre mon radiateur, je n'aspirais qu'à m'asseoir au calme et au chaud, à fermer les yeux juste quelques minutes, histoire de laisser s'échapper un peu de fatigue. Mais non, voilà le Repfrance qui s'approche, accompagné d'un type blond, chevelu, barbu, causant.

— Mon commandant, votre nom me dit quelque chose. Je m'appelle M…

— Et ton prénom, c'est Bertrand, ai-je répondu du tac au tac, sans savoir pourquoi, sans même le reconnaître.

Un vieux souvenir phonétique hérité de l'enfance, sans doute. Mon interlocuteur était sidéré :

— Comment le savez-vous ? J'ai plein de frères.

— Tu as une tête à t'appeler Bertrand. Je t'ai connu tout gamin, tu faisais déjà des bêtises.

D'autres souvenirs me revenaient, suffisamment précis pour me donner cette assurance qui me surprenait moi-même.

— Cela ne me dit pas ce que tu es venu faire dans ce pays.

— Du ski.

— Pardon ?

— Oui, du ski, dans le Panshir. On est à plusieurs. Je suis illustrateur. On peut se tutoyer ? Parce que, moi, vouvoyer, c'est pas mon truc. Même avec les militaires.

— Eh bien, ne nous voussoyons plus.

Nous avons bavardé un peu, trop peu. Cette soirée prenait enfin un tour intéressant. J'ai consommé avec plaisir mes petites réserves d'amabilité.

Retour à l'aéroport, crevé. Dans la nuit, sur l'avenue Massoud, un chat passe sous les roues du 4x4. Ça fait « crouic », sans plus. Pauvre bête. L'entrée de KaIA, le poste de sécurité et les Belges, des Flamands tatillons, qui mettent de longues minutes à contrôler la voiture. Je les comprends, c'est leur mission, chaque jour pendant quatre mois. Pour eux, pas de Chamali, seulement l'enceinte de notre camp d'un kilomètre de circonférence. Le CO, enfin.

Mardi 6 janvier

Le général Devlin souhaitait rendre une dernière visite au bataillon. Au PD11, il a pu s'entretenir avec le chef de la police locale avant de partir en patrouille avec une section de tirailleurs. La ville avait beau être triste, froide, encore parsemée de neige boueuse, plus que jamais encombrée d'immondices, j'étais heureux. Nous avons flâné sur les trottoirs d'une large rue commerçante où se pressaient des vendeurs de tout et de rien. Celui-ci qui poussait son chariot à quatre roues, surmonté d'une toile en auvent, d'où pendaient des régimes de bananes, et cet autre qui proposait épices et arachides, les voilà qui, faisant une pause, nous faisaient signe. Plus loin, un marchand de bois, un paysan et son tas de quelques kilos de pommes de terre à ses pieds, des réparateurs de chaussures assis dans leurs cages à roulettes, un charbonnier plus noir que son charbon, un boucher qui, venant là de saigner une bête, crochetait les morceaux de viande autour de son misérable étal, tandis qu'un enfant jouait avec les abats dans une boue rouge. Sur la chaussée, un bazar permanent de voitures brinquebalantes, de taxis jaunes et blancs, de bus et de camions crachant de la fumée noire, de quelques ânes et chevaux attelés, d'hommes attelés eux aussi, j'en ai vu deux qui tiraient un tombereau rempli d'une montagne de bois sec, sans parler d'un dromadaire qui stationnait et de ce troupeau de chèvres qui traversait la rue dans l'indifférence générale. Au milieu de cette agitation grouillante, des grappes d'enfants hilares, excités, entêtés à nous suivre, à se faire photographier, à nous parler même si nous n'y comprenions rien, moquant notre tenue, nos têtes drôlement coiffées d'un béret. Et les femmes dans leur burqa bleue.

Nous sommes entrés dans une école à l'heure de la récréation, où notre arrivée a soulevé une vive et joyeuse curiosité parmi les écoliers, âgés d'une dizaine d'années environ. Le général, tout en bavardant avec le directeur, accaparait l'attention des petits garçons qui se massaient autour de lui

وریکاری تعمیرات پذیرفته

sous l'œil inquiet de ses gardes du corps canadiens. Leur joie de vivre, leur accueil spontané avaient stoppé la misère au seuil de l'établissement. Moins téméraires mais le regard assurément plus incisif, les filles, qui n'étaient pas encore en âge de porter la burqa, se tenaient à l'écart.

Au poste de police, nous avons salué le chef, avant de partir pour une école de filles où l'on procédait à l'enregistrement des électeurs en vue des élections générales de juin 2004. La directrice était une femme d'une cinquantaine d'années, de grande allure, au visage bon et énergique. Dans les bureaux du rez-de-chaussée, nous avons assisté à quelques inscriptions. À la porte du bâtiment, trois fillettes d'une dizaine d'années étaient là, à ne rien attendre. Elles ont suivi notre cortège de loin. Chaque fois que je me retournais, j'avais droit au charmant spectacle de leurs sourires, de leurs mines enfantines déjà empreintes d'une certaine féminité. Le général, d'humeur bavarde, eut la bonne idée de s'attarder avec le gardien devant le portail. C'était l'occasion de photographier ces fillettes aux gestes doux, du moins d'essayer. Elles ont pouffé, sans trop se laisser approcher. Ces mots sont pauvres pour dire la beauté de cette journée qui s'achève avec une sensation un peu douloureuse : je ne fais que commencer à découvrir ce pays magique, je n'aurai qu'à peine entrevu son âme.

Après-demain, première rotation : départ d'une centaine de nos tirailleurs, arrivée de leurs remplaçants, une centaine de marsouins. Avec les nouvelles têtes s'ouvrira la délicate période de la transmission des consignes. Une relève – celle-ci s'étalera sur deux semaines – n'est pas une opération simple. Ceux qui s'en vont n'ont pas forcément les mêmes fonctions que ceux qui débarquent. La capacité d'hébergement étant limitée, ces derniers ne doivent pas être beaucoup plus nombreux que les premiers. Et, tout en accueillant une troupe sans expérience, il faut maintenir le niveau opérationnel. Le changement de commandement s'effectuera lorsque se trouveront ici plus de soldats « montants » que de « descendants ».

Mercredi 7 janvier

Demain, départ, non seulement de nos premiers tirailleurs, mais aussi de Boudet : mon petit état-major ne sera plus ce qu'il a été. Il reste encore beaucoup à faire pour que les choses soient en ordre avant le transfert d'autorité, prévu le 16 janvier à 19 heures. Permettre à PAMIR 7 de reprendre la mission dans les meilleures conditions : cela seul compte.

Jeudi 8 janvier

Temps de neige et de brouillard glacé qui transperce tout. Les avions n'ont pas pu se poser et sont rentrés à Douchanbe. Nous devrons faire demain en une demi-journée ce que nous avions prévu de faire en deux jours. Les reconnaissances de nos successeurs s'en trouvent raccourcies d'une journée.

En fin de matinée, l'adjudant Drécourt est venu me trouver :

— Mon commandant, vous vous souvenez de votre bombe incendiaire ?

— Mon ODAB 500 ? Évidemment.

— Vous n'avez pas fini votre travail. Je vous ai gardé l'arrière de la bombe. C'est intéressant à démonter.

C'était parti. La tête dans ma parka, j'ai gagné, à l'écart du camp, le « conteneur de stockage temporaire », enclos grillagé et protégé par de nombreux sacs de terre, où les sapeurs ont conservé des munitions de tous types et de toutes nationalités : mines, roquettes, détonateurs, obus de calibres variés, bombes, missiles, sous-munitions, explosifs et autres productions de l'imagination fertile (et destructrice) des hommes. Drécourt était un passionné, dévoué à son métier, il avait pigé le système de démontage des ODAB 500.

— Mon commandant, voilà ce qu'on va faire. Comme tout ce qui se monte peut se démonter, suivant une logique relativement simple, vous allez démonter le système de mise à feu et d'explosion de votre bombe. Je vous passe les outils.

Les outils ? Un tournevis tordu et émoussé, un marteau, un pied de biche, une pince, mon vieux couteau de la Maison Calmels, à Laguiole, Aveyron. Les branchements électriques, la minuterie, le parachute de freinage, le bloc d'explosif, les joints, les vis, goupilles et boulons se sont entassés dans une caisse. Je sentais l'adjudant heureux de notre complicité, fier aussi. J'ai démonté le détonateur, de la taille d'un poing, qui comprenait deux petits ressorts très fins. Les explications tombaient au bon moment sur le déclenchement de la minuterie, la rustique précision des pièces, l'ouverture du parachute de stabilisation, l'éjection de la sonde de percussion et l'impulsion électrique qu'elle provoque en touchant le sol, l'explosion du réservoir contenant le liquide incendiaire. Avec Drécourt, toute cette chaîne « mécanique et logique » prenait vie, cet engin de mort devenait une merveille de précision et de simplicité technologique. La neige n'avait pas cessé de tomber, au contact du métal glacé mes mains étaient devenues insensibles, notre connivence me réchauffait, nous étions comme deux enfants contents d'un mauvais coup.

— Une petite roquette, maintenant ? Il en reste trois. Une mine ? C'est rapide.

— Malheureusement non, mon adjudant, j'avais dit une demi-heure, et ça fait bien plus d'une heure que vous me faites faire des trucs bizarres. Je file.

— Merci, mon commandant, de votre participation.

— Merci de m'avoir invité, c'était bien.

Je passais la porte, quand il m'arrêta :

— Vous êtes le premier officier à être venu nous prêter main-forte, vous savez ?

— C'est vous le spécialiste. Je vous ai vu travailler pendant quatre mois, vous décarcasser pour le bataillon.

Excepté celles passées sur le terrain, j'aurai vécu toutes mes soirées et mes nuits afghanes dans ce CO, lieu de passage et de travail, cœur, centre et carrefour de la vie du bataillon, mon lieu de vie aussi. En dépit des bruits, du mouvement, des courants d'air, de la poussière, des infiltrations d'eau, je n'aurai pas connu davantage d'intimité qu'en écrivant à cette table, tout en prêtant l'oreille au réseau radio. C'est qu'au plus profond des nuits de ce pays quelques-uns des nôtres patrouillent et veillent. Je me sens un peu comme un père, que je ne suis pas, travaillant à côté de ses enfants qui jouent. Dans ma chambre au confort plus acceptable mais qui me coupe de la vie, je m'ennuie. Peut-être même que je l'évite. Ici, sans les mots pour me dire, je suis tout proche, trop proche de moi.

Vendredi 9 janvier

À cause du brouillard, les pilotes des avions s'y reprennent à plusieurs fois avant de réussir leur atterrissage. L'aéroport international de Kaboul n'étant pas équipé de balises de guidage, ils naviguent à vue. Et les montagnes qui bordent la piste rendent l'affaire délicate. Mais les marsouins attendus ont bien débarqué, croisant les tirailleurs qui nous ont quittés pour la France via Douchanbe.

Il me faut rester attentif à tout. C'est difficile.

Samedi 10 janvier

Hier soir, avec le Repfrance et d'autres, repas de départ de l'escadron, que je commence à « désengager » dès demain. Émotion contenue, simplicité, complicité. Comme j'aime. Journée sans la moindre pause. D'Épinal, où le régiment tient garnison, nous sont arrivés aujourd'hui quarante mètres cubes de vêtements issus d'une collecte. Ils tombaient mal, en pleine période de relève, mais nous nous devions de procéder à une distribution, au moins symbolique, avant notre départ. Avec le lieutenant-colonel de Bellecombe, chef des ACM et camarade de La Flèche, nous avons monté l'opération « Saint Martin ». Pas facile : il faut trier les vêtements par tailles, les enfermer dans des sacs opaques pour éviter les jalousies lors de la distribution, tout prévoir pour que celle-ci ne sème pas le désordre… Les bonnes intentions ne sont pas toujours suivies des effets positifs que l'on en attend.

Il est tard. Pas le temps d'écrire plus long, d'autant que j'ai dû relire les textes de propositions pour les citations. Ceux qui en font l'objet le méritent vraiment.

Dimanche 11 janvier

Réunion des commandeurs dans la salle surpeuplée de la brigade. Lutte habituelle contre le sommeil pour saisir ce qui se disait en anglais. Mon tour venu, j'ai annoncé, entre autres, mon départ prochain.

Retour à l'aéroport dans le CO agité. Orientation des équipes de recherche de renseignements, point sur la relève, réunions avec l'EMT, etc.

J'ai dîné avec les sapeurs, la moitié d'entre eux repart demain matin.

C'était bien

LUNDI 12 JANVIER

Les aviateurs ont eu peur d'un nuage, et voilà la relève désorganisée. On trouve donc des sacs sans leurs propriétaires, des propriétaires sans leurs sacs… Rien de grave. Au téléphone, mon successeur, resté à Douchanbe, a pesté rageusement.

L'ambiance, d'un coup, a changé avec l'arrivée de PAMIR 7. Nous nous y attendions. Et puis il y a cette foutue fatigue. Il faut de l'énergie pour tout, de plus en plus. Même pour écrire.

MARDI 13 JANVIER

Très égoïstement, j'aurais voulu que cette journée fût à moi. Mais mon successeur est arrivé, je dois essayer de lui transmettre, s'il les accepte, les enseignements tirés de ces quatre mois. J'évoquais la beauté opaque de ce pays, je me laissais aller à des considérations personnelles, il parlait travail, me posait des questions précises. Comment lui en vouloir ? J'étais dans sa situation en septembre dernier, je n'ai pas oublié combien nous avions apprécié d'obtenir des réponses précises à nos préoccupations immédiates. Je mesure ce soir la difficulté de l'exercice.

Depuis l'arrivée, à la faveur d'une seconde rotation, de l'état-major complet de PAMIR 7, je ne me sens plus chez moi. On parle trop fort dans la ruche qu'est devenu le CO. Si le bataillon m'est désormais à demi étranger, je n'en demeure pas moins son chef jusqu'à vendredi 18 heures. Je m'applique à rester attentif à tout. Avec tous ces soldats qui viennent de débarquer sur ce théâtre, je redoute un accident durant les trois jours à venir.

Nous avons visité ce matin le site de la future école d'état-major de l'ANA qui sera encadrée par les Français. Tandis qu'un lieutenant-colonel passionné décrivait par le menu ses difficultés, entre autres la « problématique » capitale… du passage des fils électriques, je me suis échappé sur le toit en terrasse, d'où la vue sur cette partie nord de Kaboul était saisissante. J'étais seul, enfin. J'ai photographié, en noir et blanc, le jeune ouvrier afghan qui coulait du goudron pour parfaire l'étanchéité du revêtement. Assis au bord du toit, docile à ma rêverie, j'ai savouré la joie de me savoir dans un pays où tout m'échappe, fors la beauté qui en émane. D'une des cours et maisons enchevêtrées, en bas, me sont parvenus des cris. M'étaient-ils destinés ? Scrutant le dédale des murs de terre, j'ai fini, dans une cour étroite où séchaient des vêtements de couleurs vives sur des fils mal tendus, par repérer des enfants et des femmes tournés vers moi : j'avais été hélé. Agitant alors un bras, j'ai provoqué d'autres rires, d'autres appels. On me fit signe de venir, je perçus qu'on me proposait du thé, mais, dès que j'ai montré mon appareil photo, tout ce petit monde s'est dispersé en gloussant. Redescendu de mon observatoire, j'ai retrouvé mon groupe, poliment assommé, cette fois, par des considérations sur les dimensions de la place d'armes.

Le CO est calme, ce soir. Césari et Garnier, qui restent jusqu'à la dernière rotation, échangent des plaisanteries stupides et drôles. Le CO comme je l'ai connu pendant quatre mois.

MERCREDI 14 JANVIER

Une fois encore, une dernière fois, j'ai demandé à Rouxelin de parer le VBL pour parcourir un peu de « mon » territoire avec celui qui, dans moins de quarante-huit heures, me succédera. Nous avons roulé en direction de la zone d'où partaient les roquettes qui nous avaient souhaité la bienvenue, la nuit du 11 septembre dernier. Nous avons remonté *Bottle* jusqu'au col de Bagram, j'ai secrètement dit adieu à la Chamali que l'ombre ensevelissait. À ses silences bourrus, je savais que Rouxelin, lui aussi, était ému. Tandis que nous roulions vers Kaboul, je me suis penché par la trappe du tourelleau :

— Savoure-le bien, c'est notre dernier trajet. Tu peux fumer, pour la peine.

— Mon commandant, vous reviendrez quand vous serez le Caïd. Et je vous suivrai, si vous voulez de moi, a-t-il répondu, sans sourire, en levant la tête.

— Tais-toi et conduis.

Il a allumé une cigarette. Une carriole tractée par un cheval vaillant était en vue, nous avons ralenti, j'ai pris une photo, le cocher a fait un geste, un sourire, nous aussi, un semblant de course inégale s'est amorcé pour le plaisir, nous nous sommes éloignés : un souvenir qui finira sous la poussière des années.

J'en ai presque terminé avec mes consignes et mes paperasses, je veux avoir l'esprit libre les deux prochains jours, je veux vivre les heures qui me restent dans une sorte de recueillement.

JEUDI 15 JANVIER

Ultime soirée au CO, à la fin d'une journée pleine d'images qui m'ont ravi. Les deux radios et le transmetteur canadien originaire du Nouveau Brunswick ont choisi de ne pas se quitter pour leur dernière nuit de permanence. Ils ont ri en voyant que je ne dérogeais pas à mon habitude de veiller tard.

— Jusqu'au dernier soir, mon commandant ?

— Oui. Et avec vous, ce qui me fait plaisir.

Je lutte contre le sommeil pour venir à bout de cette page. J'ai conduit la relève au sud de Kaboul, à Keyrabad où se trouve un dépôt de munitions dans un site désert. Nous sommes les seuls à y travailler, bien qu'il se situe dans le secteur canadien. Dans Kaboul, une marée humaine agitée et bruyante, d'immenses marchés colorés à l'ombre des maisons à moitié effondrées. La Mosquée aux pigeons portait bien son nom. En rentrant, j'ai souhaité traverser le quartier hazâra, cette partie du vieux Kaboul historique qui a tant souffert des affrontements entre moudjahiddin, après le départ des Soviétiques. Massoud, alors allié à l'Ouzbek Dostom, chef des milices communistes, a largement participé à ces destructions dans sa lutte contre son ancien camarade d'école, le pachtoune Gulbuddine Hekmatyar. Embouteillages de charrettes tractées par des ânes ou des chevaux. Commerces en tout genre, habitations chancelantes. Dernières images. J'aurais aimé arpenter Kaboul en observateur perdu dans la foule, avec mon Leica.

Vendredi 16 janvier

Il est plus de 23 heures, il pleut comme jamais depuis notre arrivée. Dans cette chambre ne subsistent plus qu'un lit et une armoire. Cela fait déjà quatre heures que je ne commande plus le bataillon français de Kaboul : un autre m'a remplacé, pour quatre mois aussi. Nous allions vers l'hiver, lui s'en va vers l'été. Je lui souhaite d'éprouver les joies qui furent les miennes, d'apprécier cette région et ses habitants comme je m'y suis efforcé, de vivre chaque jour qui passe avec intensité. Ce pays est extraordinaire. Je me sens léger de ne plus porter au ceinturon mon arme, mon poste radio, mes munitions et autres impedimenta qui ont été mon fardeau quotidien. Léger surtout de ramener tout le monde en France. Sur mes épaules, invisible, ma peur qu'il arrive malheur à un seul d'entre nous pesait lourd. Demain est un autre jour, mais je ne le réalise pas bien, encore. Quelles seront mes préoccupations au réveil ? La fatigue arrive, diffuse, sournoise, imparable, elle m'empêche de réfléchir. Bizarrement, tout me semble déjà très loin. Le CO n'est qu'à quelques mètres d'ici, je n'y remettrai plus jamais les pieds. Il est d'ailleurs déjà transformé. Chacun s'organise comme il l'entend.

Samedi 17 janvier

Belle journée. Soleil éclatant, lumière dorée, très douce au regard, température tiède, incomparable visibilité. Une partie de l'après-midi, j'étais seul sur le toit du bâtiment, d'où la vue embrasse le cirque montagneux qui entoure Kaboul. Allongé sur les tôles chauffées par le soleil, j'ai somnolé sans penser à rien de précis, perméable à tous les sentiments qui, désordonnés, se bousculaient. J'ai écouté de la musique, cela faisait longtemps, la musique c'est de la vie, j'avais oublié. Il me semblait être en vacances, tandis que, juste en-dessous de moi, la nouvelle équipe s'agitait : une affaire de dépannage, si j'ai bien compris.

Hier, pour la dernière sortie qu'il m'était possible d'effectuer, je suis parti avec Rouxelin et Garnier rejoindre OP1. Là-haut, nous avons pris quelques photographies et ramassé de la terre, symbole absolu que nous voulons offrir aux salles d'honneur de nos régiments respectifs.

Puis, vaguement abrités du vent et de la pluie par un rocher, nous avons cassé la croûte : pain frais, pâté de canard au poivre vert, fromage, bordeaux grand cru, café.

Une fois encore, la dernière sans doute, dans une douce solitude, j'ai contemplé la plaine de Chamali que fouettait la pluie glacée. J'ai fixé sans tristesse cette étendue désertique insensible au temps qui passe et pourtant tellement marquée depuis des siècles par la présence humaine. Et je suis reparti, l'espace d'un moment, à la conquête de mes rêves oubliés. J'y ai retrouvé le goût sucré des raisins qui séchaient cet automne, refait halte près d'un canal d'irrigation rempli d'une eau claire et accueillante, revu les tribus qui se dirigeaient vers les plaines de Jalalabad au rythme lent et plein d'orgueil de dromadaires trop chargés, jalousé de nouveau l'immense liberté des nomades… J'y ai aussi retrouvé l'escadron quand il patrouillait, revécu nos traversées épiques, réentendu le grondement des hélicoptères se posant dans un nuage de sable sur la route que nous avions barrée sans rien demander à personne, les tirailleurs jaillissaient des entrailles de ces machines fantastiques… Les tirs de mortiers dans la nuit, pour dissuader, pour récompenser les tirailleurs de leurs efforts, pour me rassurer aussi, me revenaient, comme roulait encore, à peine audible dans le vent, l'écho des explosions sourdes que provoquaient les sapeurs en détruisant les obus et les mines découverts sur nos pistes. Et puis, hors de toute cette agitation, au cœur de la plaine, petite tache brune dans le sable, Juybàr et ses habitants nous saluaient, rassemblés sur une butte. Un fort sentiment d'inutilité m'a envahi.

Nous sommes descendus de notre sommet pour retrouver Kaboul et ses quartiers dont nous étions devenus familiers, un peu. C'était vendredi, l'animation était retombée, les rues sous la pluie avaient repris leur traditionnel aspect de cloaque boueux. Mais le sourire des Afghans m'était comme une invitation à demeurer encore parmi eux, les fruits éclatants sur les étals m'aimantaient à la ville couleur de terre, de charbon, de bois sec. Il s'en fallait de peu que la viande crochetée à l'air libre, pour une fois dénuée de mouches (vive le froid), ne me parût appétissante.

J'ai voulu encore quelques détours et autant de discrets adieux, avant de rentrer pour l'ultime réunion de 17h30. Des garçons jouaient avec des étuis de cartouches de Kalachnikov qui faisaient office de billes ou tiraient derrière eux des cerfs-volants de fortune, des fillettes attendaient leur tour à la pompe à eau, flanquées de trop gros bidons, d'autres marchaient la nuque raide, avec un empilement de galettes sur la tête. Et toujours, ombres flottantes mais sans visage, les femmes bleues, dérangeantes. Dernières images saisies depuis la P4, où le silence s'est invité.

N'était-ce qu'un rêve ? Avons-nous réellement vécu ce que nous avons vécu ? Merci à Boudet qui a soigneusement tenu le journal de marche et des opérations (JMO) du bataillon, fixant ainsi sa mémoire, du moins une trame de cette mémoire. Car ce document officiel retrace nos quatre mois d'activités avec une froideur toute administrative. Boudet parti, il fallait achever ce travail, ce que j'ai fait hier soir, avant de le remettre, signé, au chancelier :

« – Conduite des missions permanentes de contrôle de zone de l'AOO et de sécurisation de KaIA.
– Opération SMOKEY : la compagnie d'infanterie conduit deux JVPC en 219-258.
– Fin de la période de prises de consignes par PAMIR 7.
– 19h00 : transfert d'autorité entre PAMIR 6 et PAMIR 7. Le mandat PAMIR 6 s'achève.
– Le colonel M. devient Représentant militaire de la France en Afghanistan (Repfrance) en lieu et place du colonel Thierry Lion.
– Le lieutenant-colonel B. devient chef du bataillon français de la FIAS en lieu et place du chef de bataillon Geoffroy de Larouzière. »

La pièce se termine. « Nous avons été les acteurs, vous avez été le metteur en scène », m'a dit Garnier, plus ému qu'il n'y paraissait, dans un petit discours lors d'un pot d'adieux très simple, il y a quelques jours. J'ai rendu mon arme, mes munitions, mon gilet pare-balles, le casque. Notre armement est dans des caisses scellées, nous attendons l'avion qui nous emportera demain vers Douchanbe puis, lundi, vers Paris. Nous voici désormais presque étrangers ici. Plus encore qu'à notre arrivée. Avec leur propre manière d'être, leurs certitudes aussi, d'autres ont repris le flambeau. La mission continue, cela seul compte.

Je laisse ici un peu de moi-même. Après-demain, la douce France. Avec plaisir je retrouverai ce qui m'a construit et ceux que j'aime. Quelque chose aura changé, mais quoi ? Ce que j'ai vécu ici restera l'expérience la plus intense de ma vie d'officier. Commander le bataillon français d'Afghanistan fut un privilège que je mesure et qui m'aura redonné goût à un métier hors du commun.

On pense qu'en partant loin et longtemps on ébauchera des réponses aux questions que l'on fuit. Quand vient l'heure du retour, qu'a-t-on découvert ? Rarement ce que l'on cherchait, souvent des merveilles. Tant mieux, finalement. Je sais toutes ces questions auxquelles il va falloir maintenant répondre, je les ai esquissées dans ce carnet de bord.

J'ai eu du bonheur à écrire la nuit. Il est des expériences qui, à ne pas être partagées, perdent de leur saveur. Bien sûr, tout ne pouvait pas être dit. Affaire de discrétion, de pudeur, on garde pour soi les émotions trop fortes. Et puis il fallait bien dormir.

Ma dernière nuit kaboulie. Demain, la messe, l'attente, l'embarquement. Nous serons enfin dans un avion, après en avoir tant regardé atterrir et décoller, après avoir parfois secrètement rêvé du jour où viendrait notre tour de partir. Je sais par cœur la manière qu'aura le pilote de décoller. Chaque pays a la sienne. Nous avons fini par identifier la nationalité de chaque avion à sa façon d'approcher l'aéroport, ou de le quitter : le français volera d'abord très bas, puis virera en montée brutale sur l'aile droite pour passer au-dessus d'OP1 ; passée la barrière montagneuse, il survolera la Chamali, la plaine des vents dont nous fûmes les sentinelles passionnées, avant de mettre cap au nord, de franchir le massif du Pamir et de descendre vers le Tadjikistan, vers la paix et le calme.

J'ai aperçu nos successeurs en plein travail et cela m'a fait sourire : je nous revoyais à notre arrivée. Trois siestes aujourd'hui : ce matin, cet après-midi sur le toit de notre bâtiment et avant le dîner, en corrigeant un document sur ma chaise. Quand j'ai commencé à décrire cette journée de samedi, j'étais pris par l'émotion. La vague est passée. Elle reviendra. Puisqu'il faut partir, partons, sans nous retourner.

Ce que je ferai à mon retour ? On prépare toujours son départ, plus rarement le retour. Seules certitudes : l'Auvergne me manque, Paris aussi, et des envies me tenaillent. Envie de m'allonger dans l'herbe verte sans penser à rien, sans inquiétude, sans groupe électrogène qui gronde nuit et jour. Envie d'air pur, sans miasmes ni poussière. Envie d'une silhouette gracile sans plus jamais de burqa bleue, elle laisserait dans son sillage d'éphémères effluves d'un parfum délicat. Envie de maisons de pierres avec des toits de tuiles. D'un feu de noyer dans l'âtre, j'aime son odeur. Envie de mer et de soleil, de montagne et de neige, j'aime le crissement soyeux des pas sur la neige. Envie du brouhaha d'un café parisien, je surprendrais des bribes de conversations, j'en sourirais, je rêverais. Envie d'une présence, qu'en partant ici j'ai peut-être fuie, mais dont cet Orient qui vous dénude m'a rapproché. Vertu de l'éloignement. Pour l'heure, dormir. Demain, ce sera dans un bon lit, dans des draps frais.

Dimanche 18 janvier 2004

Elle était belle, la messe dans la chapelle. Je suis allé au marché prendre congé des marchands qui nous offraient le *tchoï* en déroulant leurs tapis, je leur ai dit la beauté de leur pays et mes vœux de paix.

Mes sacs sont bouclés, trop lourds. Je vais fermer la porte de ma chambre, rendre les clefs, mais à quoi bon : elle sera désaffectée.

Décollage à 13 heures locales pour Douchanbe, où nous passerons la nuit. Vol vers Paris, demain matin, avec une courte escale à Istanbul. Je vais retrouver cet autre pays que j'aime, mon beau pays de France. Une vie nouvelle commence.

Mon Dieu, merci, c'était merveilleux.

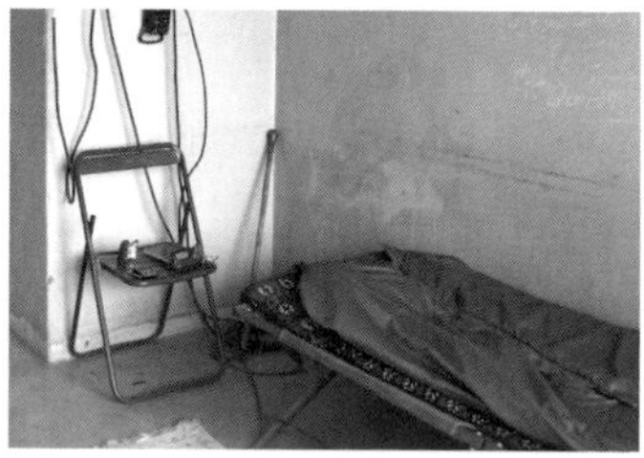

GLOSSAIRE

ACM : actions civilo-militaires. Aux ordres des lieutenants-colonels Bruno Louisfert puis Christian de Bellecombe, elles formaient une petite équipe de 10 militaires chargée d'appuyer la mission du bataillon en l'aidant à se faire admettre par la population. Il s'agissait toujours de soutenir les structures coutumières locales pour les faire travailler en notre faveur. Cela passait le plus souvent par de l'aide à la population (écoles, soins, infrastructures) et par la mise en valeur de notre action.

AMG : aide médicale gratuite apportée à la population en liaison avec les autorités locales.

ANA : Armée nationale afghane.

Le Balcon : nom de baptême militaire d'un ancien observatoire soviétique dominant les accès nord-ouest de Kaboul, notamment le col Massoud qui commande l'entrée de la route *Horseshoe* dans la capitale.

Batfra (*Frenchbat* pour les Anglo-Saxons) : contraction de « bataillon français ». Composé, en 2003, de 450 hommes environ, il comprenait un état-major tactique, une compagnie d'infanterie, un escadron de reconnaissance, une section du génie et une compagnie de soutien. Il était l'une des grandes unités de combat qui composaient la Brigade multinationale de Kaboul.

BMNK (KMNB pour les Anglo-Saxons) : Brigade multinationale de Kaboul. C'est la force armée dont disposait alors la FIAS pour remplir sa mission. Composée de plusieurs bataillons, elle comptait alors 3.500 hommes, issus de 31 pays, membres de l'OTAN ou non.

Bottle : nom de baptême militaire de l'une des deux routes qui relient Kaboul à Bagram par l'est de la plaine de Chamali. Moins utilisée que sa parallèle *Horseshoe*, elle traverse les zones les plus désertiques.

C 160 Transall : contraction de *Transport Allianz*. Avion de transport tactique de conception franco-allemande pouvant emporter 60 hommes équipés. Il servait au « brouettage » des militaires entre Douchanbe (Tadjikistan) et Kaboul.

Caïd : nom traditionnellement donné au colonel chef de corps du 1er Régiment de tirailleurs d'Épinal, héritier des 47 régiments de tirailleurs (tunisiens, marocains, algériens) de notre ancienne Armée d'Afrique. Le Caïd était alors le colonel Thierry Lion.

Compagnie d'infanterie (160 tirailleurs) : unité à cinq sections de combat équipées de VAB et de camions VLRA. Elle était commandée par le capitaine Philippe Mougeot, et issue du 1er Régiment de tirailleurs. Elle agissait principalement en zone urbaine.

Compagnie de soutien (160 hommes) : unité chargée de soutenir les unités de combat dans tous les domaines – commandement, munitions, transmissions et moyens de communication, carburant, santé, mécaniciens, alimentation, cuisines, boulangerie, eau potable, eau sanitaire, douches, blanchisserie, service vétérinaire, courrier et soldes, administration et chancellerie, aumônerie, etc. Elle était commandée par le capitaine Thierry Toilliez, et en partie issue du 1er Régiment de tirailleurs. Compte tenu de la diversité de ses missions, 25 formations différentes des armées françaises y étaient représentées.

CO : centre opérationnel, installé dans des bâtiments du terminal militaire de l'aéroport de Kaboul, en bord de piste. Tout en part, tout y arrive, c'est le cœur du système. Les ordres y sont conçus et mis en forme, toutes les opérations du bataillon y sont commandées et suivies. On y trouve les officiers de l'EMT et la « station mère » du réseau radio.

DDR : désarmement, démobilisation, réinsertion. Processus supervisé par l'ONU et mis en place dans les zones de conflit où l'on cherche à diminuer les risques de résurgence de guerre civile. L'objectif est de désarmer les factions, tout en offrant à leurs miliciens la possibilité de retrouver un travail et une place normale dans la société, sans avoir besoin de recourir à une arme pour vivre.

Détachement du génie (DETGEN, 40 sapeurs) : détachement composé d'une section à trois groupes de combat du génie et d'une cellule NEDEX. Il était commandé par le capitaine Stéphane Caudéran et fourni par le 3e Régiment du génie, en garnison à Charleville-Mézières.

DIO : détachement d'instruction opérationnel. Nom donné à la cinquantaine de militaires français placés sous commandement américain pour contribuer à la formation de l'Armée nationale afghane. Cette contribution française a pris le nom d'opération ÉPIDOTE.

EMT : état-major tactique. Son rôle est de commander le bataillon, en exécutant les ordres reçus de la Brigade multinationale de Kaboul et du Repfrance. L'EMT comptait une vingtaine d'hommes, dont « mes » cinq capitaines : Olivier Garnier, chef du CO, Franck Boudet, en charge notamment de la rédaction réglementaire des ordres et du JMO, Dominique Césari, officier de liaison avec la BMNK, Daniel Praneuf, officier de renseignement, et Stéphane Caudéran, chef du détachement du génie et conseiller génie. Tous participaient au processus d'élaboration des ordres. Une équipe de pilotes de VBL et de transmetteurs, assurant 24 heures sur 24 une veille radio, était rattachée à l'EMT.

ÉPIDOTE : nom d'une des trois opérations que conduit la France en Afghanistan. Elle consiste, sous commandement américain, à contribuer à la reconstruction de l'Armée nationale afghane, mission délicate visant à doter le pays d'une force multiethnique et loyale de 100.000 hommes environ (contre quelque 500.000 miliciens de tous bords jusqu'alors).

Escadron de reconnaissance (90 éclaireurs) : unité à quatre pelotons équipés de VBL. Il était commandé par le capitaine François-Pierre Metzinger et fourni par la 1ère Brigade mécanisée (Châlons-en-Champagne).

FIAS (ISAF pour les Anglo-Saxons) : Force internationale d'assistance à la sécurité. Sous commandement de l'OTAN depuis l'été 2003, elle est mandatée pour aider l'ATA (aujourd'hui le gouvernement afghan) à asseoir son autorité.

Horseshoe : nom de baptême militaire d'une des deux routes reliant Kaboul à Bagram. Elle borde l'ouest de la plaine de Chamali. Elle traverse les zones les plus riches et les plus densément peuplées de la plaine.

JMO : journal de marche et des opérations. Document réglementaire et officiel tenu par chaque unité de l'armée française, dans lequel est consignée la vie de celle-ci selon un ordonnancement précis (situation du personnel, actions quotidiennes, blessés, morts ou disparitions, incidents particuliers, etc.). En fin de mission, le JMO est remis au Service historique de la Défense (SHD) basé à Vincennes.

KaIA : Kabul International Airport. Par extension, désigne la zone protégée d'un kilomètre de circonférence dans laquelle stationnaient le Batfra et d'autres unités (hélicoptères allemands, gardes belges, petit hôpital norvégien, en particulier).

KMTC : *Kabul military training centre*, ou centre d'entraînement militaire de Kaboul. Caserne où étaient formés les officiers, sous-officiers et soldats de la toute nouvelle Armée nationale afghane (ANA). Située à l'est de Kaboul, près de Pol-E-Charkhi, sur l'axe *Violet* en direction de Jalalabad, c'est là que travaillaient les militaires français du DIO (opération ÉPIDOTE).

Loya Jirga : assemblée traditionnelle rassemblant les autorités religieuses, politiques, coutumières et claniques.

Malek : autorité coutumière locale. Sorte de maire d'un village afghan.

NEDEX : neutralisation d'explosifs. Désigne les spécialistes de la neutralisation des engins explosifs de toute nature.

OP1 : abréviation de *Observation Point Nr. 1*. Nom de baptême militaire d'un piton de la petite chaîne montagneuse qui sépare Kaboul de la plaine de Chamali. Site d'observation privilégié mais difficile d'accès, d'où l'on pouvait voir la quasi-totalité du secteur français.

P4 : véhicule de liaison Peugeot à 4 roues motrices. Successeur de la fameuse Jeep.

PAMIR : nom d'une haute chaîne de montagnes qui sépare l'Afghanistan du Tadjikistan. C'est aussi le nom choisi pour l'une des trois opérations que conduit la France en Afghanistan. Elle consistait alors, au sein de la BMNK, à sécuriser l'aéroport de Kaboul, les quartiers nord de la ville, et la plaine de Chamali jusqu'au col de Bagram. PAMIR 6 est le 6e mandat de cette opération. Chaque mandat durait quatre mois.

PC : poste de commandement, dont chaque unité est dotée.

PD : Police District, secteur urbain de Kaboul.

Pompelle : nom de baptême militaire d'un point d'observation qui permet de surveiller l'aéroport et la route *Bottle* quand elle arrive dans la banlieue nord-est de Kaboul.

Repfrance : Représentant militaire de la France. Sur le théâtre d'opération, il représente le chef d'état-major des armées (CEMA) auprès de la coalition. Il a pleine autorité sur les opérations PAMIR et ÉPIDOTE. Cette fonction politico-militaire essentielle était tenue pendant la durée du mandat par le colonel Thierry Lion, également chef de corps du 1er Régiment de tirailleurs d'Épinal (Caïd).

Tchoï : thé.

VAB : véhicule de l'avant blindé utilisé pour le transport de troupes (dix hommes) et équipé d'une mitrailleuse de bord.

VBL : véhicule blindé léger. Petit véhicule très mobile et discret possédant d'excellentes capacités de franchissement et pouvant transporter quatre hommes. Certains sont aménagés en poste de commandement mobile (VBL-PC).

***Violet* (axe)** : nom de baptême militaire donné à l'axe Kaboul-Jalalabad.

VLRA : véhicule léger de reconnaissance avancée. Camion de transport de troupes (10 hommes) non blindé, léger, robuste, avec d'excellentes capacités tout-terrain.

Warehouse (camp) : nom d'une ancienne usine située à l'est de Kaboul, près de Pol-E-Charkhi, sur l'axe *Violet*. La Brigade multinationale de Kaboul (BMNK) y avait établi son poste de commandement.

2-S-198 : la tradition du 2-S remonte à la victoire de Napoléon à Austerlitz, le 2 décembre 1805, où tombèrent les premiers Saint-Cyriens. Depuis, ils ont adopté leur propre calendrier : chaque mois de l'année scolaire est désigné par une lettre du mot AUSTERLITZ (A = octobre, U = novembre, S = décembre, etc.). Suivant ce calendrier, les mois d'août et de septembre n'existent donc pas... Par ailleurs, 1805 étant l'année 0, c'est à partir de cette date que s'établit la datation (ainsi, le 2 décembre 2003 = 2-S-198). Le 2 décembre est jour de fête pour tout Saint-Cyrien.

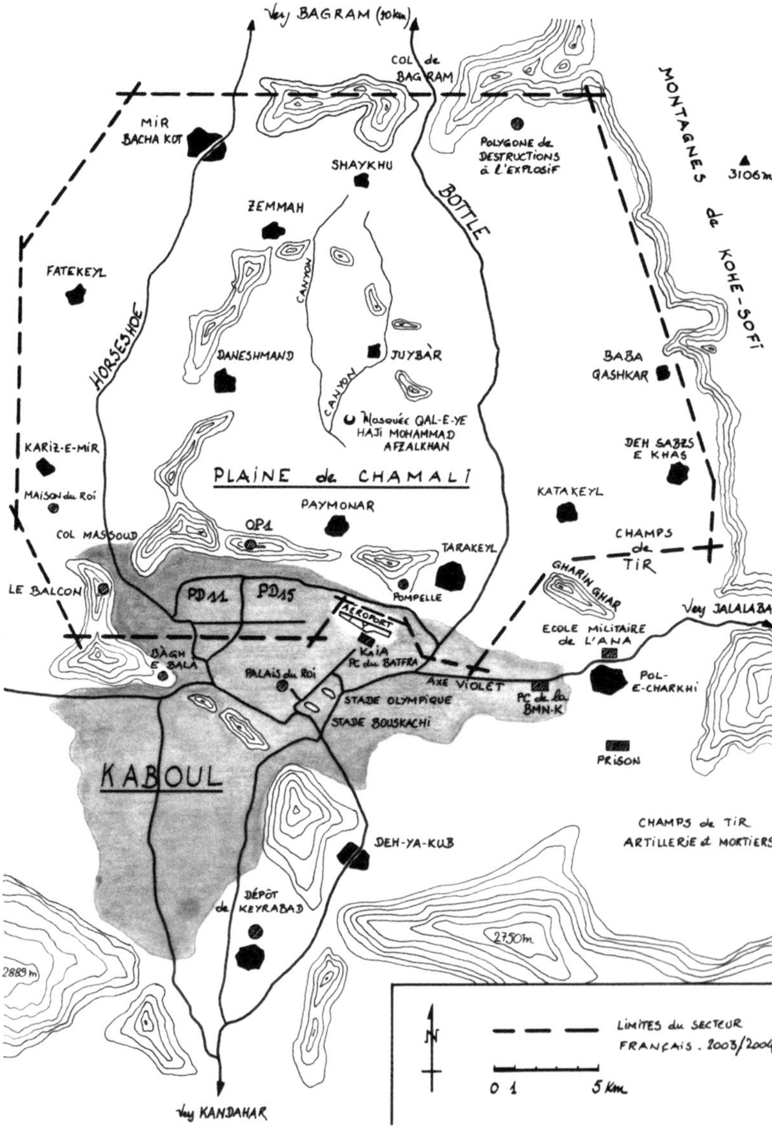

Carte de l'auteur

Table des matières

Photographies réalisées sur LEICA M6.
Optique SUMMARIT-M 35 mm f/2,5. Films ILFORD FP4.
Traitement des images et mise en page : Pierre Thomas
Impression : Chirat (Saint-Just-la-Pendue, Loire)
Dépôt légal : mai 2009
ISBN : 978-2-9120-1997-4